Sin tregua

GERMÁN CASTRO CAYCEDO

Sin tregua

© Germán Castro Caycedo, 2003
© Editorial Planeta Colombiana S. A., 2003
Calle 21 N° 69-53, Bogotá

COLOMBIA: www.editorialplaneta.com.co
VENEZUELA: www.editorialplaneta.com.ve
ECUADOR: www.editorialplaneta.com.ec

Diseño de cubierta: Leonardo Pérez

Primera edición: marzo de 2003

ISBN: 958-42-0555-2

Impreso por: Printer Colombiana S. A.

A los seres inermes

Presentación

Colombia, país en el que no hay tregua en la muerte, ni en el destierro, ni en el despojo del Estado.

El libro cuenta historias de nuestro realismo trágico que comienzan en Casanare, pasado con cara de guerra y hoy territorio de paramilitares enriquecidos con las regalías del petróleo y el chantaje, y terminan en Arauca, donde la guerrilla ha elaborado a lo largo de dos décadas un tejido social tan denso que no podrá ser deshecho solamente a balazos. Guerrilla, asalto a los bienes de una nación miserable. Allí también están en juego las regalías del petróleo.

En el centro gravita un círculo cercano al presidente de la República y desaparecen los impuestos en una pesca milagrosa con líneas en dependencias del alto gobierno.

La compra generosa de aeronaves para las Fuerzas Militares. Un paseo millonario para tratar de despojar al país del gas natural y luego marginarlo del mercado internacional son el telón de boca.

Como contraste, una sociedad en la cual la gente pierde sus techos por causa del empobrecimiento, agravado por un sistema financiero perverso. El relato surge a través de cinco familias de diferentes estratos sociales que luchan por salvar sus viviendas. En tres de ellas, las mujeres determinan su propio destierro y se marchan del país en busca de algo que les permita conjurar la pesadilla.

Busqué a las tres y las encontré en España. Sus historias son vibrantes, talentosas, valientes.

Sin tregua tiene dos ángulos: la cara de un Estado despojado y, como consecuencia, la cruz que lleva a cuestas un pueblo que acepta el destino que le trazan.

EL AUTOR

La cara

Alianza estratégica

«Le conseguí la cita al alcalde de Arauca con los jefes de las FARC los últimos días de julio del año 2001 por medio de Trapo Sucio, miembro de esa organización en la Zona de Distensión de San Vicente del Caguán. La reunión se llevó a cabo en un quiosco en La Y, cerca de los talleres para vehículos de la guerrilla. Hasta allá fue el doctor Cedeño, un alcalde controlado por el ELN. Él se reunió con Grannobles y con el Mono Jojoy, para pedirles que lo dejaran gobernar el municipio. Después de unas dos horas de conversación, Cedeño les dijo que iba a dejar entrar a las FARC directamente en el negocio de las regalías del petróleo que le corresponden al municipio, y que cuando terminara su mandato les iba a dejar montada la estructura política para que el próximo alcalde de Arauca fuera alguien de las FARC. Un mes después de esa reunión, al alcalde se le llevaron el ganado que tenía en su finca».

Testigo 2:

«Grannobles comentó que ocho días antes había hecho ir hasta la Zona de Distensión al alcalde Cedeño. Que lo había amenazado con matarlo si no iba y que efectivamente había ido, y que como el alcalde era de los elenos, le hizo a Grannobles una descripción de lo que estaba pasando en Arauca y que Grannobles lo orientó para que él, el alcalde, les entregara parte de las regalías del petróleo y para que montara la maquinaria política con el fin de que el próximo alcalde de Arauca fuera de las FARC y así comenzar a desplazar a los elenos de la administración.

»En esa misma reunión, Grannobles le mandó decir al gobernador Federico Gallardo, también controlado por el ELN, que le ordenaba ir hasta el Caguán el 1º de octubre del año 2001. Grannobles le comentó a Porra de Marrano, uno de sus contratistas de la coca, que teniendo al alcalde de Arauca y al gobernador, no necesitaban robar sino coger los contratos. Que Porra de Marrano tenía que comenzar a montar algunas empresas para agarrar los contratos de obras públicas y de todas esas cosas».

Escenas en documentos no restringidos de la Fiscalía General de la Nación, ahora en poder de la Corte Suprema de Justicia.

Clímax de la lucha de las FARC por desplazar al ELN del control de los gobiernos locales para apropiarse de las regalías petroleras. «Ahí fue cuando le cayó la guerrilla al ELN, que hasta entonces mandaba en la mayor parte de Arauca», dice uno de los actores en otro parlamento.

Más allá, lo que muestran las escenas es una alianza estratégica entre guerrilleros, narcotraficantes y políticos.

Luego de haber sido irrigada durante doce años con 1.800 miles de millones de pesos por las regalías del petróleo, suma colosal para una población de 280 mil habitantes —menos que cualquier barrio de Bogotá—, Arauca hoy es más miserable.

Hace veinte años, cuando el ministro de Minas hablaba en Bogotá de la catarata de petróleo que afloraría en un banco de sabana cerca de Caño Limón, el viejo Manuel Cisneros, que era un mamador de gallo con diploma, gritó: «¡Arauca Saudita!».

El cuento se ha olvidado. Hoy los mismos llaneros la llaman Arauganistán.

La de estas llanuras es una película de secuencias rápidas. Después de Cedeño y Gallardo desfilaron por el Caguán buena parte de los diputados de la Asamblea y de los concejales de los municipios araucanos, y también de los aspirantes a diputados y de los candidatos a los concejos futuros.

Según documentos de la Fiscalía, del Departamento Administrativo de Seguridad y los servicios de inteligencia, el tema era recurrente en el Caguán o en algún hato ganadero del Llano:

«Nosotros le ponemos los votos y le financiamos la campaña, pero, hermano, usted tiene que dejarnos morder las regalías del petróleo. Si no, se muere o se larga. ¿Está claro?», les decía Grannobles.

Otro documento de la Procuraduría General de la Nación señala que durante el gobierno de Alfredo Colmenares Chía —el primer gobernador elegido por voto popular—, además de él, diez de los 24 miembros de su gabinete y gerentes de institutos departamentales estaban controlados por el ELN.

Durante el segundo período, el gobernador y 18 de sus 24 colaboradores directos actuaban bajo presión o pertenecían al ELN.

En el tercero, el gobernador y 21 miembros del gabinete fueron impuestos por esa organización.

Entre enero y diciembre del 2001, el gobernador Federico
Gallardo, asesinado luego, era controlado por la misma guerrilla y les dio cabida en su gabinete a 18 personas señaladas
por el ELN.

En el siguiente período fueron 13.

En el de transición a partir de octubre del 2002, descendieron a diez.

Igual número persistía en la segunda administración, nombrada por la Presidencia de la República en el año 2003.

Según el mismo documento, aquel año, de los once diputados a la Asamblea Departamental, nueve eran controlados
por el ELN, mientras en cinco de los siete municipios las ma-
yorías de los concejos respondían al mandato del ELN. En los
dos restantes, Arauquita y Fortul, al de las FARC.

Lo que llaman en Arauca «La crisis del 2001» es el punto
más alto de la lucha entre guerrilleros por las regalías, pero a
la vez por los dineros que le pagaban los petroleros al ELN
para que cesara en las voladuras del oleoducto que transpor-
ta el crudo entre Caño Limón y Coveñas, un puerto en el mar
Caribe. Vacuna les dicen a esos pagos.

Entonces las FARC presionaban a los políticos, pero a la vez
volaban el tubo con una intensidad superior a cualquier época. No es una coincidencia: en ese momento se registraba un
aumento en el precio del petróleo y las regalías eran extraor-
dinarias.

En Caño Negro, un llanero con sombrero peloeguama,
cotizas, pantalón remangado bajo las rodillas y cuchillo vaquero en la cintura, es a la vez uno de los miles de milicianos
que viven en las sabanas. A este hombre con cráneo de chivo
le dicen Solová y dirige una célula guerrillera en el hato donde trabaja como caballicero.

Allí conversamos una tarde de febrero, achicharrante por el calor seco del verano. Un poco después de las cinco se sentó atravesado en una de las hamacas que colgaban en la pesebrera, los viejos le dicen caney sillero, y taza de café en una mano y pucho de tabaco en la otra, dijo que sí, que como él era jefe de aquella célula tenía buen fundamento, y como le gustaba la revolución desde cuando conoció la historia de combatientes de la Violencia de los años cincuenta como Cheíto Velásquez y la del niño Getulio Vargas que era su estafeta, la de Villamizar, la de José Carreño y la de Mario Escobar, y como también conocía La Primera Ley del Llano y La Segunda Ley del Llano, y claro, la historia del camarita Guadalupe Salcedo que se le entregó con sus armas y sus hombres a Rojas Pinilla y luego lo mataron estando en paz, bueno, podía aclararme algunas cosas:

«En esos momentos las FARC le decían al ELN: entréguenos parte del terreno y del dinero, pero los elenos no entregaron nada. ¿No entregan? Cabrones. Pues no sale petróleo porque ahí va la dinamita contra el tubo, un día sí y otro también».

A Cráneo de Chivo le dicen Solová, porque va solo por el Llano desde cuando se murieron su mujer y su hija a la vez: un parto en su choza de las vegas del río Lipa. Él vino a saber que existían los médicos seis años después, y conoció las inyecciones dos meses más tarde, cuando tuvo dinero para comprar el medicamento. Igual que los vaqueros de la matanza en el hato Rubiera, por aquí por Caño Negro, que se llama Capanaparo en Venezuela. Ellos vieron por primera vez la luz eléctrica en los calabozos de Villavicencio, y aprendieron a leer allí mismo porque otros presos les enseñaron, y allí también se enteraron de que existía algo llamado leyes de la República de Colombia y que como ellos habían violado aquellas leyes que eran las de su patria, los condenaban a 25 años de cárcel.

Aquella noche en Ojo de Agua, así se llama el hato, pude entender aún más que lo que está sucediendo en Arauca y en Casanare y en estos Departamentos que siempre fueron llamados Territorios Nacionales, ni comenzó ahora, ni tampoco es gratis. Ni es el gran problema del país, sino el resultado de un problema más profundo llamado injusticia y abandono. Y repasando las sensaciones del día, pude comprobar una vez más que la guerrilla, es decir la consecuencia del problema, encontró muy fácil llenar los inmensos vacíos que ha dejado libres el Estado.

Seis de la tarde: la historia que narra Solová es un cuento del Llano, lento, bordado con aguja de croché, para concluir con que si el ELN estaba en el juego de las voladuras del oleoducto y durante 16 años no detuvo la producción de petróleo, ¿por qué iba a hacerlo ahora? La respuesta fue que las FARC se dedicaron a pegarle al tubo para presionar al ELN y a los petroleros a la vez.

«Las FARC les decían a los elenos: si no es para nosotros, tampoco va a ser para ustedes. Y en ese tropel se tragaron al gobernador Federico Gallardo que era eleno y los elenos perdieron poder político. Eso es lo que los guates llaman en la ciudad "La crisis del 2001", que como conjuro hizo aparecer al Ejército», terminó diciendo.

Testigo l:
«Tío Vichada, un contratista de cocaína de las FARC, les dijo a Grannobles y al Negro Acacio que por los operativos militares tenía problemas para el transporte de químicos y de la misma cocaína. Que debían buscar una solución a ese problema.

»Tío Vichada les preguntó que cuánto dinero estaban recibiendo por vacunas a las compañías contratistas de Caño Limón. Ellos le contestaron que no superaba los 30 millones de pesos mensuales y Tío Vichada explicó que, en condiciones normales, les podía entregar cuatro mil millones de pesos al mes.

»En esa reunión concretaron como estrategia conseguir a un político araucano importante con acceso al alto gobierno y Tío Vichada dijo que lo tenía. Era uno de los gamonales liberales que están en el Congreso. La idea era que como Grannobles regresaba a Arauca, con el Negro Acacio pensaban que a través del congresista le llevarían la propuesta al gobierno para que retirara el Ejército de la zona rural del departamento. Que cesaran los operativos y que a cambio, las FARC dejarían de volar el tubo, propuesta que no llevarían a la mesa de diálogo en el Caguán porque el trámite era más demorado.

»Después, en una reunión con Grannobles y el Negro Acacio, el congresista se mostró complacido, aceptó la propuesta de ser el intermediario con el gobierno, pero dijo que entonces las FARC debían apoyarlo discretamente en el departamento de Arauca en su campaña para la Cámara y que Tío Vichada debía aportar para esa campaña una suma superior a 200 millones de pesos.

»Después, en una reunión se lo informaron a Tirofijo y al Mono Jojoy, pero Jojoy no aceptó la propuesta. Les dijo que la voladura del tubo no era negociable y les echó un discurso, y tal.

»Cuando se fueron Jojoy y Manuel Marulanda, el Negro Acacio y Grannobles decidieron seguir adelante con su plan. Que como Grannobles volvía a Arauca, se encargaba de eso y que el congresista de manera muy discreta iba a plantearle al gobierno lo de la tregua. Y que si eso no daba resultado, iban a incrementar las voladuras del oleoducto y que además iban a volar los tanques de almacenamiento en Caño Limón».

En tres años a partir de 1999, las FARC volaron el tubo 309 veces, una cifra sin precedentes. Luego han actuado en forma indistinta con el ELN, que venía atacándolo desde cuando se inició el bombeo hace 17 años.

La historia de los cien kilómetros del oleoducto en Arauca, entre Caño Limón y el río Bojabá lamiendo la frontera con Venezuela, es feroz por la agresividad de los atacantes, pero alucinante frente al espectáculo de la naturaleza por donde acabe de pasar la guerra.

Después de tantos años de explosiones, la gente ha aprendido a identificar al autor de los daños. Las FARC y el ELN actúan en forma diferente.

El ELN es especialista en explosivos y recorre desde el kilómetro 60 hasta el 100. Ellos hacen la voladura y cuando llegan las tropas encuentran campos minados, bombas camufladas en los árboles, en las palmeras, en huecos dentro de la vegetación rastrera, que son accionadas con celulares o con explosores.

Las FARC preparan las zonas con rampas, cilindros, emboscadas, ataques directos después de la explosión. Sus zonas de operación cubren del kilómetro 28 al 60.

No obstante, a partir del año 2002, cuando hicieron una segunda alianza estratégica para volar el oleoducto, la guerra ha sido más áspera. Cuando se unen las dos guerrillas, unos hacen la emboscada, lanzan cilindros —artillería—, y otros siembran los campos minados. Según una publicación del Ministerio de Defensa, hoy Arauca es la región del mundo con una mayor densidad de campos minados.

Y la guerrilla utiliza nuevas formas de cilindros: el Transmilenio, dos tanques de cien libras unidos. El Ramillete, con trece tacos de cuatro pulgadas y cuatro kilos de explosivos y metralla cada uno. Metralla son tuercas, esferas, pequeños trozos de varilla, pedazos de tornillo que cuando explotan en el aire se convierten en regadera. Cada trozo de acero es una bala.

Según un boletín del Batallón de Contraguerrilla, que tiene a su cargo la vigilancia del oleoducto, el año 2002 fueron utilizados allí 57 ramilletes, de los cuales 25 no reventaron. Un perro los ubicaba y un cabo tomaba taco por taco, les arrancaba los explosivos y los lanzaba lejos.

En lugares como Saravena, fortín del ELN —ahora le dicen Sarabomba— hubo ese año 57 ataques de las FARC con bombas y otros explosivos. Los expertos retiraron de los patios y de los techos de las casas el contenido de nueve ramilletes, 117 tacos que no explotaron. Saravena es un municipio grande y petrolero.

Después de cada explosión en el oleoducto, las tropas aseguran la zona para evitar artillería enemiga. Luego entra el grupo antiexplosivos y detecta los campos minados con la ayuda de un perro. Una vez localizadas, provocan la explosión de las minas y posteriormente ingresa una cuadrilla de cuarenta trabajadores de Ecopetrol para reparar el tubo.

El perro se llama *Rufo*, un labrador que acompaña al grupo antiexplosivos. En noviembre del 2002 permaneció dos meses en una clínica, porque en el kilómetro 100, él y un guía fueron volados por una mina. El guía quedó malherido y el calor de la voladura le quemó parte de la cara al perro. Pero él es tan importante para el batallón, que lo evacuaron en un helicóptero junto al guía. En Arauca lo esperaba un avión para llevarlo a Bogotá.

Rufo está en todas. El año 2000 entró a 127 campos minados; en el 2001, a 50; entre enero y febrero del 2003, a doce. Entrar es ingresar con éxito al área, detectar los explosivos y garantizar la llegada de los soldados profesionales y, posteriormente, de los trabajadores.

En aquel escenario de bancos de sabana, ríos, caños, vegas y vegones con árboles rosados por las bandadas de coro-
coras que retornan al atardecer —se llaman garceros—, cada
kilómetro del oleoducto parece tener una historia.

En el 70, en 1997 se desintegró un helicóptero de transporte de tropas luego de aterrizar en un campo minado. Los
guerrilleros de la emboscada estaban escondidos dentro de
un charco de petróleo. Hoy, cuando llegan allí, los soldados
nunca duermen en el sitio porque según ellos, durante la noche escuchan los gritos de quienes murieron dentro del helicóptero.

En el kilómetro 51, año 2001, bombardearon con 51 rampas —cilindros explosivos— a un sargento y 30 contraguerri-
lleros. Los soldados llegan ahora al lugar y dicen: «En este
sitio no nos quedamos porque aquí rampliaron a mi sargento
Torrecillas y por ahí anda su espíritu».

El 5 de agosto en el kilómetro 49 la guerrilla realizó una
prueba del mortero de 81 milímetros que dispararon dos días
más tarde sobre el Palacio presidencial. Aquel día 5 «se lo
rampliaron» a una patrulla del Batallón cuando salía de una
voladura en el 46. El de 81 milímetros es un mortero con alcance cercano a dos kilómetros: un tubo, granadas hechizas,
espoletas hechizas y un gran daño al explotar.

Kilómetro 43. San Rafael. Los soldados saben que cuando
hay voladuras en el kilómetro 42-43, una vez que lleguen de-
berán sostener combates. Por eso, mucho antes avanzan buscando hojas de plantas que según los llaneros son de buen
agüero, y rastros, guías, pisadas con botas de caucho. Si no lo
hacen serán sorprendidos y si los sorprenden pueden morir,
bien entrando o saliendo del lugar. Por aquella zona corren
algunos caños cuyas aguas tienen el color del vino, pues nacen en manchas de bosque con colonias de palmas de canan-
gucho que le permiten escapar al enemigo.

Kilómetro 37. Los soldados entran y salen pronto. Nunca acampan porque todas las malditas veces la emboscada es fija. Aquel es un sector de respeto en el cual morían y morían soldados y jamás veían de dónde venía el balazo. Lo único que sabían era que se escuchaba la detonación de un fusil y que alguien al frente caía como un fardo. Ni una palabra. La explosión del fusil y luego, silencio. Pasaba el tiempo, avanzaban sobre los codos, luego se incorporaban. Una nueva explosión. Otro hombre muerto, hasta que un día alguien dijo: «Las palmas».

Una semana después regresaron al sitio, pero el coronel envió adelante a un par de francotiradores con fusiles de precisión, miras telescópicas y todas esas cosas, y una vez ubicados, dispararon sobre el follaje de algunas palmas. La de moriche es frondosa, veinticinco, treinta metros de altura si es adulta, la copa quince y veinte metros de extremo a extremo y los penachos tan largos que al caer cubren más de la mitad del tallo. Un disparo, nada. Dos: del follaje vieron caer un cuerpo que quedó colgando antes de llegar al suelo. Tres: otro guerrillero se descolgó y quedó balanceándose un poco más abajo de los penachos. Se habían trepado allí y estaban amarrados a las palmas buscando movilidad.

Kilómetro 32. Durante el verano se ha secado la sabana y la única fuente de agua son los pozos artesianos que perforan cerca de las casas. En diciembre del 2002 una patrulla llegó a un hato ganadero con necesidad de beber, colocaron un equipo de piso para acercarse al pozo, pero alguien dio un paso más y sintieron que se levantaba la tierra. La guerrilla había colocado en esa senda una mina con quince kilos de explosivos.

En invierno el agua les da al cuello, pero también es necesario patrullar el tubo, de manera que la guerrilla mina los caminos que quedan secos. No se puede andar por allí. Avanzan a través de los esteros cuando los ríos se rebosan, y también en la época de salida de aguas que es cuando comienza a mermar su nivel.

El batallón, vidas de colombianos y dineros descontados de las regalías que le corresponden a Colombia, controla el oleoducto todo el tiempo con helicópteros e infantería. Hay mucha tropa cuidando el oleoducto, pero los soldados no pueden permanecer estáticos, deben patrullar. Y como los milicianos están en cada hato, en cada casucha de las vegas de los ríos, o en algunos rincones de la llanura sacando de las matas de monte novillos cimarrones que se han refugiado allí porque son rebeldes, la guerra es más compleja.

En el Llano una es la fuerza regular guerrillera y otra la fuerza de las milicias. Los milicianos son una parte de quienes viven en el lugar y están controlados por la guerrilla. Su misión es suministrar alimentos, guardar armamento, municiones, material de intendencia. Y su misión también es vigilar a qué horas pasa la tropa. Pasó la tropa, dan aviso a la guerrilla, hacen un hueco y esperan a que vengan los explosivistas, coloquen la carga y vuelen el tubo.

Milicianos. Signo de que en Arauca se está desarrollando una guerra prototipo, máximo grado de la guerra de guerrillas con su inmensa complejidad. Según estudios de varias universidades colombianas y centros de especialistas, en el país cerca del 75 por ciento del conflicto se desarrolla en el campo social, económico y político, y un 25 por ciento en el campo armado.

No obstante, quienes manejan el Estado insisten en una solución 75 por ciento en el campo militar y menos del 25 en el social y el económico.

En Arauca la guerrilla ha trabajado desde hace 20 años en un trabajo ideológico inadvertido para los gobiernos cen-

trales y con él, en una guerra de lo que llaman «organización» por parte del ELN en los pueblos y las FARC en los campos. Por eso cuando usted llega allí, la primera pregunta es
«¿Está organizado?». Esa clave busca saber si la persona se
ha alineado con las FARC, con el ELN o con los paramilitares.

En Arauca el tejido social está infiltrado por uno o por los
otros y resulta prácticamente imposible permanecer en el centro sin vivir controlado.

Una vez organizada la población, ellos impulsaron otra
guerra: la de masas. El día en que llegué a la capital, la guerrilla había paralizado el departamento. Allí no se movía nadie.
Ellos simplemente avisaron a través de los medios de prensa
que se decretaba un paro armado, es decir, que quien se mo-
vilizara podría morir, y la gente se quedó en sus casas.

Pero a la vez, aquello significaba guerra psicológica hecha por la guerrilla en forma permanente.

Por ejemplo, los días que antecedieron al paro milicianos
se robaron algunos autos y los atravesaron en las vías. La gente
esperaba que explotaran y cundió el terror. Expertos de diferentes agencias del gobierno comprobaron más tarde que no
llevaban explosivos.

Allí el tejido social está tan penetrado por la guerrilla que
la gente de paz, una inmensa masa cansada de tanta sangre y
tanto atropello, quiere colaborar con las autoridades pero
cuando van a hablar, lo piensan dos veces porque miran a su
alrededor y hallan que algún pariente, un amigo, un emplea-
do suyo están «organizados», bien como fuerza armada o
como milicianos.

Aquello de los milicianos comienza en los hatos ganaderos, en las fincas. Lo llaman células guerrilleras. Una célula
son cuatro o cinco personas en los hatos, pero esas controlan
al resto de los trabajadores. Uno de ellos es cabecilla.

Luego hay un escalón superior que significa la unión de tres a cinco células. El jefe es uno de los cabecillas de célula. Él controla toda la vereda.

Más arriba se mueve una más grande que cubre la Inspección de Policía, en un departamento rural en el cual solo hay siete municipios. El resto son decenas de poblados y caseríos pequeños que se llaman así: inspecciones de policía.

Aquella pirámide invertida continúa con núcleos aún más amplios que controlan los centros urbanos donde la población ya está «organizada». Resulta elemental: ¿con quién habla el jefe que controla la ciudad? Con quienes manejan los círculos anteriores. Y aquéllos con los más pequeños y éstos con los cabecillas de las células de las cinco fincas y aquél con su propia finca. La orden de un jefe guerrillero es cumplida en todo el territorio.

Controlar los servicios de salud y educación es complemento de la estrategia. Desde cuando llegó a la zona, el ELN los ha manejado, pero a partir de la era del petróleo, su dominio sobre el Instituto Departamental de Salud (Idesa) les ha permitido ampliar su espectro.

La ley le exige a Arauca invertir el 60 por ciento de las regalías en educación y en salud que, de paso, son dos canales efectivos para realizar un censo y como resultado obtener la información de los habitantes y sus familias y, en esta forma, acentuar el control sobre la población.

Cuando alguien acude en busca de una ayuda, lo primero que le preguntan en cualquier centro de salud es el nombre, la edad, dónde vive, con quién vive, cuántos hijos tiene, cómo se llaman, sus edades. Y en una escuela, cómo es el nombre completo de su papá, cómo se llama su mamá, quiénes son sus hermanos, dónde vive, quiénes son los amigos de su papá...

A través del Instituto se realizan contratos millonarios con las farmacias y los centros de salud. Parte de las farmacias son de personas organizadas por la guerrilla y los centros de salud están controlados por ellos.

Un total de 6.400 contratos interceptados por el DAS entre 1999 y el año 2002 valen 185 mil millones de pesos en este campo. Según los investigadores, «De esa suma, alrededor del 90 por ciento pertenece a regalías petroleras, pero no se invierte la totalidad en lo que ordena la ley».

Otra guerra es la de inteligencia, que comienza por la infiltración de fiscalías, juzgados, alcaldías, gobierno departamental, concejos municipales, Asamblea, organismos de seguridad.

La pregunta es si esta telaraña densa, tejida tanto en los departamentos fronterizos como en las zonas populares de las ciudades colombianas, podrá ser destruida solamente a balazos, en un país con hambre. O si la estrategia podría consistir eventualmente en quitarle las banderas a la guerrilla.

A finales del año 2002 el gobierno de Uribe Vélez gravó con un impuesto —el IVA— alimentos como la panela, en un país donde millones de indigentes se alimentan con agua de panela. Y gravó también las pastas fabricadas con harina, cuando quienes poseen cualquier peso se contentan con una taza de agua de panela y un plato de fideos.

Como contraste, en febrero del 2003 el Departamento de Planeación Nacional del mismo gobierno aceptó que en Colombia once millones de personas vivían con menos de un dólar al día, y que otros 20 millones sobrevivían con ingresos diarios de dos dólares. El país tenía 40 millones de habitantes.

Por causa del miedo con que se vive en estas tierras, las gentes se encierran en sus casas apenas atardece y una vez dentro no buscan pasatiempo diferente de escuchar la radio, y en los centros urbanos ver la televisión.

El 19 de febrero del 2003 una cadena nacional de estaciones de radio registró, a eso de las nueve, que en Arauca capital 30 niños de una escuela solo tenían seis pupitres en el único salón de clases. Cada día, 24 debían sentarse en el suelo.

El 20 se escuchó al contralor general de la República llamándole la atención al gobierno central por haberse gastado miles de millones de pesos recolectados dentro de la catarata de impuestos más grande de nuestra historia, en pagar cuentas de acueducto, teléfonos, alcantarillado, viáticos, seguros aéreos y servicios funerarios de las Fuerzas Armadas

Según el contralor, de 2,4 billones de pesos —dos millones y medio de millones— captados con el fin específico de intensificar la guerra, solo podrían invertirse 700 mil millones para tratar de mejorar la eficiencia de las Fuerzas Armadas. El contralor decía que, de acuerdo con las leyes, aquello no podía repetirse.

El 21 la voz de la ministra de Defensa resaltaba la necesidad de establecer nuevos impuestos para la guerra.

El mismo día, alguien que se identificó como directora del Plan de Renovación de la Administración Pública, explicó que en cuatro meses el gobierno central había despedido de su trabajo a 1.500 personas —1.500 hogares.

Un poco más tarde, el locutor leyó un boletín de la Cepal según el cual Colombia era el segundo país de América con mayor desempleo.

Cachicamo, un hombre con más autoridad que Solová por ser caporal de sabana, también pronuncia la ese pegando la lengua contra los dientes de arriba. Como cualquier llanero, va descalzo, apoyando en los estribos los dedos gordos y habla para acortar el camino entre el hato donde trabaja Solová y el de El Blanco, como les dicen por estas tierras a los dueños. Desde luego, el tema de la guerrilla fue lo primero que le salió de la boca:

«Nada tiene de raro que nos topemos con esa plaga —dijo acomodándose en la silla».

Emparejamos las bestias y después de una pausa volvió a soltar:

«Si ellos creen que tengo miedo, se pelaron de pe a pa».

Lo miré y volvió a hablar antes de que le dijera algo:

«Es que por la boca sale lo que sentimo aentro».

El par de mochos, como les dicen a los caballos algunas veces, levantaban el polvo de la sabana, reseca por el sol. Para cambiar el tema le pregunté si en el hato donde vivía hacían parrandas:

—El ritmo del gabán, del pajarillo, del seis por derecho, del zumbaquezumba...

—Ahora no —interrumpió—. Ahora se nos ha venío encima la demalía —dijo, y tarareó algo:

—Laray laray...

—Versifique —le dije.

—Ahí va:

«Yo no sé que tá pasando / qué tá pasando puaquí / cómo vino a despreciarme / una carriza de allí / que tiene callo en la lengua / de tanto decí que sí».

Le gustaba una mujer joven, una zagala, el cabello claro, es decir, una catira que vivía en Palmarito, hato vecino al de Solová, pero ella ya tenía su hombre y según Pío Lelio —así se llama Cachicamo—, según él, «Eso se respeta, camarita».

—Me gustan su labia y su intención.

—Bien... De guerrillos yo tengo varias guardaítas que se las contaré en el hato cuando estemos echaos patajarriba en el chinchorro —comentó.

Un poco más adelante, Cachicamo pasó al frente en su caballo, un caballo ruano. Andaba con sabiduría, que es no forzar la marcha. Por allí no había ríos, ni esteros. Solamente arena y paja. Es que no se veía ni un simple charco, y de un momento a otro vimos peces brincando y revolcándose entre aquel tamo. La mayoría eran plateados con visos azules y no más grandes que una sardina de río.

—Son curitos, bocachicos y guabinas —me explicó.

—¿Peces en pleno verano? ¿Aquí?

Dijo que no era raro. En invierno los ríos se desbordan y cuando cesa de llover viene otra temporada, salida de aguas, pero hay peces que no pueden regresar a la corriente y se sepultan entre el barro que dejan los esteros y las lagunas y allí pasan el verano. Pero cuando vuelve a llover, por la noche se deslizan entre el retoño y van buscando el agua. Los que estábamos viendo salieron antes de tiempo de la tierra seca buscando el estero y saltaban porque el sol los estaba matando.

La magia del Llano.

Aunque Cachicamo no es miliciano, «porque como a mi papá lo mataron por defender la vida en la guerra, la del camarita Guadalupe Salcedo, a mí se me formó un chaparrón en la cabeza y hoy pienso que esa joda no tiene ciencia». Sin embargo, fue organizado por las FARC.

«¿Y qué? Si no los dejo que crean que me organizaron, esos bichos me matan».

Esa noche la radio anunció que al mediodía habían asesinado al presidente del Concejo de Arauquita y que como consecuencia renunciaron los seis concejales restantes.

Cachicamo explicó en su lenguaje que los mataban o los secuestraban para ponerlos en orden y advertirles que no estaban cumpliendo bien con la entrega de las regalías, y recordé el boletín de la Defensoría del Pueblo que me habían dado en Arauca capital el día en que llegué. No era un mamotreto, pero dejaba ver lo que ha sido la lucha entre las FARC y el ELN por hacerse al control político de la región y así manejar parte de las regalías del petróleo:

«El 19 de marzo del 2001 el presidente del Concejo Municipal de Tame, Sebastián Vera Alvarado, fue secuestrado por las FARC.

»En el 2002, los alcaldes de Cravo Norte y Saravena, José Trinidad Sierra y Luis Ernesto Espitia Britto, fueron secuestrados por el ELN teniendo en cuenta sus cargos políticos en la esfera administrativa de sus municipios. Igual suerte corrieron cinco diputados de la Asamblea departamental.

»El mismo año fueron secuestrados por el ELN los alcaldes de Arauquita, Fortul y Tame.

»Igualmente secuestraron a dos sacerdotes de las parroquias de Saravena y Arauquita.

»Fueron secuestrados por el ELN el presidente del Concejo Municipal de Saravena, Álvaro Salinas, y dos concejales.

»Las FARC secuestraron al profesor Céspedes, quien participó activamente en una movilización después del atentado a la subestación eléctrica que mantuvo diez días en la oscuridad a Arauca capital.

»Por otra parte, el derecho al sufragio fue afectado notoriamente por las FARC, que anunciaron su oposición a las elecciones para Cámara y Senado y declararon objetivo militar a quienes participaran de una u otra forma en el proceso electoral, que allí tuvo una abstención del 77 por ciento.

»En Arauquita la guerrilla quemó los documentos para el proceso electoral, secuestró durante varias horas al secretario de Gobierno municipal y a los delegados del registrador departamental.

»El 17 de diciembre fue hallado un carro lleno de papeletas para votación. Estaba abandonado junto con un cilindro de 20 libras que explotó y destruyó cuatro locales comerciales.

»Durante el primer semestre del 2002 las FARC decretaron tres paros armados que duraron 24, 48 y 72 horas en Saravena, Fortul, Arauquita y Tame».

Dos días después regresamos a la ciudad. Finalizaba febrero y recordé las palabras del piloto del avión el día en que llegué: «En Arauca tenemos una fresca mañana llanera de 24 grados centígrados, visibilidad ilimitada...». Ahora eran las tres y media y en el tablero del auto con cristales polarizados —como los de los mafiosos— en que partimos antes de amanecer, una columna de mercurio decía que la temperatura interior eran 20 grados. El conductor abrió su ventana y por el vaho que logró colarse, calculó 32 a la sombra.

—Es lo normal en esta época —explicó.

El río Arauca, que rodea buena parte de la ciudad, corría lento. En algunas zonas las playas eran más anchas que el río, grises como la panza de los burros, como el río y como los jarillones y las hileras de sacos rellenos con la misma arena que hacen de murallas para contener la creciente en invierno. Es el Dique Perimetral en que se vieron obligados a invertir parte de las primeras regalías con el fin de apropiárselas y, si sobraba algo, para contener la creciente. Sobró dinero.

Recuerdo que anteriormente el río crecía sobre las vegas y los vegones despoblados sin causar daños, porque la gente había hecho sus casas en el banco de sabana, hasta donde no llegan las aguas. Pero cuando se hizo público aquello de la Arauca Saudita, apareció un enjambre de desposeídos que venía de la zona andina atraído por el reflejo de la riqueza, y empezaron a invadir con sus ranchos las vegas y los vegones.

«Con el dinero que enterraron en ese dique, podrían haber construido otro canal de Panamá», comentó el chofer, y nos detuvimos en un mirador en el barrio Los Libertadores. Al frente se veían doce hileras de sacos, pero la altura iba creciendo hasta contar veinte, recostados contra el jarillón, desacomodados en algunos tramos, con boquetes en otros.

«Terminaron de levantarlo en 1995, cuando era gobernador Goyo González, y ese mismo invierno ya empezó a colarse el agua. El año pasado se inundó parte de la ciudad. Esa fue la principal obra de Goyo», dijo.

Realmente, con los diez mil millones de pesos que dijeron haber invertido en esa obra, se hubiese podido construir un dique importante, pero es que además de la remoción de arena del mismo río para hacer los jarillones y rellenar los sacos, esfuerzo de romanos en estas lejanías sin control, compraron los predios de medio pueblo que vivía en las orillas del río a lo largo de unos cinco kilómetros.

«Todo el mundo lo sabe: fue un negocio, un gran negocio del gobernador y del ELN. Es que tanto los elenos como Goyo compraban primero los predios y luego se los vendían al doble del precio al departamento», explicó más tarde uno de los pocos araucanos genuinos que aún viven allí.

El río era la gran vía de comunicación con Arauquita, y senda de los vapores que venían del Orinoco en busca de plumas de garza para llevarlas a Europa. Entonces le dieron tan duro a la garza rosada, la corocora, que llegó a producirse un desbalance ecológico.

Esa fue la primera bonanza del departamento. La segunda, la carne de chigüiro; la tercera, el ganado; la cuarta, el petróleo, y la quinta, la cocaína.

Después de la compra de los terrenos, parte de la gente abandonó las vegas, pero detrás de aquéllos llegaron otros y con el dragado del río, sobre el relleno, empezaron a apretujarse barrios de desposeídos, promovidos y controlados por la guerrilla.

El siguiente gobierno municipal estuvo controlado por las FARC y el cabezazo fue dejar una zona libre entre el dique y el río. Eso implicaba un nuevo negocio: comprarles a los invasores sus viviendas. Se las compraron a precios de los Campos Elíseos en París, pero nunca sacaron de allí a las familias.

Un tiempo después, el alcalde de este negocio estuvo secuestrado por los paramilitares.

No obstante, hoy se hace necesario evacuar a aquellas familias porque están viviendo en una zona declarada de alto riesgo. En una curva, el río está carcomiendo la orilla en el sentido de la ciudad y las casas se han agrietado.

Pero yendo atrás, como complemento del dique compraron una draga que ya era vieja, la exhibieron como nueva y le dijeron a la gente que era para su tranquilidad frente al peligro que representaba el río. Se les ha preguntado a los alcaldes siguientes cuál fue su costo, o cuánto se dice que ha valido, y como respuesta han pasado a la ofensiva denunciando la desaparición de archivos en una alcaldía por la que merodea desde siempre un hatajo de bandidos que se llevan los bienes públicos.

Y como a este dique de sacos desfondados nunca se le ha hecho mantenimiento, las autoridades locales se han visto obligadas a anunciar una readecuación que valdrá otros 2.200 millones de pesos.

A un kilómetro de allí está la Inspección Fluvial. Sembrada entre el barro encontramos la casa flotante que acompañaba a la draga. Es un planchón de acero, y sobre él, una mole de herrumbre de dos pisos con catorce habitaciones para dos personas cada una, el espacio donde funcionó el casino, el hueco que quedó de una cocina, vestigios de salones y la arena gris humo. Lo único verde en este paisaje pardo era un matorral de pasto gramalote que se recostaba contra el planchón.

En el camino hacia la draga, el auto cruzó por el Fórum de Los Libertadores.

«Aquí mataron a varios soldados hace tres meses».

A trechos fueron apareciendo luego tres casamatas resguardadas por sacos negros rellenos de arena y, en sus flancos, trincheras hechas también con sacos negros. Imagen de Afganistán. O de Bosnia. La guerra.

«Mimetismo para por las noches».

Antes de llegar a cada una, han plantado canecas amarillas con rayas negras en la cintura buscando que los autos disminuyan su velocidad, pues se hace necesario trazar eses forzadas antes de llegar a cada retén del Ejército, de la Policía y de la Infantería de Marina.

Bordeando el curso del río, aguas arriba hallamos por fin la draga Carabobo DCH-10, cubierta con pintura amarilla sin brillo, carcomida por el orín. El trecho para descender hasta la borda es un basurero de bolsas plásticas enredadas en la paja. «Siete metros de manga por treinta de eslora», se distingue sobre las astillas de una tabla. Acoderado a ella, sobre las aguas hay un remolcador también desvencijado, también mohoso. El olvido.

«En el puente, donde está la puerta abierta, hace cinco semanas mataron al último contratista. Se llamaba Víctor Vega. Era el presidente de la Federación de Juntas Comunales.

»Es una draga holandesa. Lo último que le metieron fue un miple que costó once millones de pesos hace dos meses».

Cuando las gentes hablan no le miran a usted la cara. Eso quiere decir que por ahora no le darán su nombre. Al fin y al cabo, usted es un extraño. «¿Con cuál se habrá organizado?», deben preguntarse.

Está atardeciendo. Las puertas se cierran un poco después de las seis. En la casa donde me albergaron, el dueño le baja el volumen a la televisión antes de hacer unas líneas sobre Víctor Vega.

«Víctor era el presidente, justo porque tenía estrecha vinculación con el ELN. Usted lo sabe: aquí las juntas de acción comunal son controladas por ellos. Pero sucede que se presentaron problemas entre los elenos y las juntas, y muchos de los líderes fueron muertos. Eso causó una estampida hacia la Brigada 18. Pero como esa gente sabía tanto, siguieron matándolos y ahí cayó Víctor. Él no habló, él no dijo nada, pero de todas maneras conocía letra menuda. Lo mataron por sospecha... O como dicen: porque sabía demasiado».

El dueño hizo una pausa y como no se puso de pies para devolverle el sonido al televisor, era claro que tenía otra historia.

«¿Usted sabe que esa no es la única draga que compraron la guerrilla y el municipio de Arauca con el dinero de las regalías petroleras? Pues sí. Hay... o había otra. ¿Sabe cuánto dijeron que costó? Tres mil millones de pesos del 2002.

»Usted sabe también que a finales del año, cuando estamos ya en pleno invierno, se presentan problemas con los ríos. Pues compraron un equipo más pequeño y más fácil de transportar que la Carabobo. Se trataba de dedicarlo exclusivamente al dragado. Constaba de una cama baja, un *bulldozer*, tres o cuatro cosas que se pudieran llevar por tierra de un río a otro, y para operarlo hicieron convenios según los cuales sería la comunidad la que iba a organizar el manejo. Pero muy pronto la comunidad comenzó a quejarse y a preguntar dónde estaba esa maquinaria. ¿Alguien sabe de la maquinaria? Pues la maquinaria jamás apareció. Está perdida. Nadie la ha visto, nadie sabe de ella.

»La semana pasada estuve por los lados del caño El Espinero, me acordé del asunto y le pregunté a un amigo por él, y el amigo me llamó aparte y me dijo:

»"Camarita, no pregunte por eso. Esa maquinaria se la dieron a la guerrilla y nunca se ha podido saber dónde está. Ellos la tienen"».

Según la historia reciente, recogida en archivos de diferentes dependencias del Estado, los gobernantes de Arauca han sido los guardianes más fieles de una tradición y de un abolengo no propiamente muy claro en el manejo de las finanzas públicas.

La memoria de las generaciones que han vivido esta realidad recuerda a figuras cimeras como la del gobernador Luis Alfredo Colmenares Chía, el primero en ser elegido por las masas en una contienda a la colombiana, y al alcalde de Arauca capital, Gregorio González Cisneros, el del dique. Ambos, ungidos con el óleo del reverendo Manuel Pérez, sacerdote español, fueron asesinados luego de ejercer sus mandatos.

Según un panegírico escrito en la Procuraduría General de la Nación, «A partir del año 1992, tanto el alcalde como el gobernador, presionados por la guerrilla y alimentados por sus propios instintos, hicieron con el dinero de las regalías unos fondos especiales de crédito para los ciudadanos con el fin de promover la industria. Esos dineros fueron entregados en calidad de préstamo, pero nunca se recaudaron. La Procuraduría no ha logrado establecer la cantidad exacta. Sencillamente se perdieron. Un cálculo conservador basado en documentos mutilados llega a la cifra de mil millones de pesos.

»Al alcalde de Arauca José Gregorio González le hacían cola porque él regalaba parte del dinero de las regalías, regalaba pasajes a Bogotá, dinero para que alguna gente comprara remedios para sus hijos, para que ciertos campesinos inyectaran a sus vacas enfermas. Acciones que eran bien vistas a nivel social como era su intención y la de sus instigadores, pero la verdad es que el sistema fue utilizado por Goyo como un caballito de batalla político. José Gregorio González se halla hoy a la diestra de Dios Padre».

Según la misma oración del agente de la Procuraduría, «A González se le originaron algo más de cien investigaciones. Al alcalde Colmenares Chía, doscientas, pero la caída del segundo no fue por corrupción».

Otra página del Departamento Administrativo de Seguridad, DAS, señala que «Al culminar su administración, José Gregorio *Goyo* González sabía que le librarían órdenes de captura y se fue para Venezuela. El DAS lo esperó y cuando regresó lo capturó con ayuda del Ejército y de la Fiscalía Regional. Después fue trasladado a Bogotá, donde le libraron nuevas órdenes por peculado.

»Un mes de diciembre, cuando terminó la administración del gobernador Luis Alfredo Colmenares Chía, el DAS capturó a toda la cúpula de la gobernación y a toda la del Municipio de Arauca, 49 personas entre miembros de los gobiernos locales, contratistas e interventores de obras, incluyendo al gobernador. Las capturas obedecían a anomalías en diferentes contratos, especialmente en los suscritos en cuanto a la construcción del Dique Perimetral.

«Ninguno de ellos permaneció en la cárcel».

En Arauca nunca un funcionario ha sido juzgado ni castigado por corrupción.

Documentos entregados en aquella época a los jueces por investigadores del DAS señalan que «La práctica de la primera administración consistió en suscribir contratos inexistentes de obras que, primero no se podían verificar porque según las cláusulas, habían sido construidas en territorios de la guerrilla... Arauca recibe regalías por concepto del petróleo, pero además, partidas presupuestales por parte de Caminos Vecinales, el Ministerio de Educación y el Ministerio de Salud. Amparados en los cuatro rubros, los gobernantes suscribían el mismo contrato a la vez. La práctica es conocida como "gemeliar" obras y es una de las más corrientes, tanto en el Departamento como en los siete municipios. Nuestro concepto es que con los medios actuales, el sistema se sale de las manos de cualquier autoridad que intente investigar a fondo las anomalías».

A partir de allí los gobernantes locales, como los políticos que fueron ocupando curules en la Asamblea y los concejos municipales, cambiaron de tácticas para ponerse fuera del alcance de los investigadores.

Una de ellas fue crear ONG en las cuales se agrupaban familiares de los gobernadores y de los alcaldes y de los concejales, y ONG con gente organizada por la guerrilla, por contratistas de obras públicas y por gente que ha ido llegando de otras partes del país, cuyos objetos sociales iban desde propugnar el respeto a los derechos de los seres humanos hasta construir carreteras. Aquellas se sumaron a las que ya había en el departamento con el mismo fin.

Hoy la Procuraduría General de la Nación trata de establecer la suerte de contratos por siete mil millones de pesos, firmados con varias ONG nacionales y extranjeras.

También investiga al departamento y a la Comisión Nacional de Regalías a través de varios procesos por las actuaciones de un eminente organismo internacional —todo lo extranjero es eminente en Colombia— llamado Organización de Estados Iberoamericanos (OEI), famoso por los convenios que hizo con el gobernador Gustavo Carmelo Castellanos (1998-2000), que en esa ocasión sumaban 17 mil millones de pesos. Luego vinieron más.

Según la Procuraduría, lo contratado con la OEI no fue ejecutado en su totalidad. Pero además el organismo emergente subcontrató obras públicas, obras de infraestructura, de salud, de educación que no se hicieron y en ese campo no hay quien responda.

Como la OEI tiene fuero diplomático, y como además es regulada por el Ministerio de Relaciones Exteriores, no puede ser investigada por la justicia colombiana. Se trata de aquellas organizaciones amigas de Colombia y amigas de la paz y de los derechos humanos que llegan al país con un contrato social de siete páginas y las autorizan para que hagan de todo. Su sede es Madrid, su tarjeta de presentación dice que nos ayuda en los campos de ciencia, cultura y educación (está metida en obras de electrificación), no necesita licitar, y como es un ejemplo de filantropía, no paga impuestos. Además, según lo establecido hasta ahora por la Procuraduría, sus contratos salen cinco veces más caros... o no se ejecutan.

Un día después de la visita a la casa flotante y a la draga Carabobo, temprano en la mañana cruzamos por la Villa Olímpica: un estadio de fútbol en una ciudad donde no hay equipos de fútbol, un velódromo homologado para competencias de tipo olímpico, un coliseo cubierto, una pista de coleo llanero donde algunas veces trabajan novillos traídos de las cimarroneras de los hatos vecinos.

Pienso que el ciclismo de pista es uno de los deportes más bellos. Ingresamos al velódromo por el túnel convertido en basurero, como la zona central de calentamiento y como la costa azul de la pista de 250 metros, agrietada por el tiempo. Las graderías, pintadas de verde y rojo, colores de Arauca, también tienen grietas. Allí lo único que vibra son la brisa y el letrero con barniz anaranjado sobre uno de los peraltes: «Liliana, te amo».

Impresionado con la obra, y con el destino que se le ha dado, durante tres días pregunté si alguien había visto una bicicleta de carreras en aquella ciudad y todos dijeron que no. Ninguno sabía tampoco qué era una bicicleta de pista, mucho menos un tándem. «¿Qué es un tándem?», preguntaban y luego sonreían.

Allí resulta imposible saber realmente cuánto han costado la mayoría de las obras porque el abolengo también tiene que ver con la destrucción de los rastros luego de cada sello de progreso.

Un documento de la Procuraduría, dado a conocer en enero del año 2003, señala: «En Arauquita, el alcalde militar no halla documentación de los contratos. Allí no se encuentran los libros, ni contables, ni de control interno, ni presupuestales. Todos esos archivos fueron quemados por algunos políticos aliados con la guerrilla».

En la Gobernación también hay la misma dificultad: «En marzo del año 2002, una bomba fue estratégicamente colocada para acabar con todo el archivo y así desaparecer cuanta huella de contratos se encontrara en el edificio».

«El fenómeno es costumbre que se está volviendo vieja en el departamento y en los municipios. A nadie le conviene que se sepa quién fue el ordenador de cada gasto, cuánto se ha invertido, qué proyectos se han iniciado. Como destruyeron parte de los archivos, no es posible comprobar qué obras se han hecho o no, y si es posible volver a invertir en lo mismo».

Frase de un fantasma. Quienes hablan, desde luego no desean que sean publicados sus nombres —razón obvia—, pero tampoco que uno vaya hasta sus casas, ni que lo vean con uno en la ciudad. El asunto consiste en albergarse en una finca cercana y luego de una serie de citas concertadas con anterioridad desde Bogotá a través de terceros, nunca por teléfono —«la guerrilla y los paras y todo el mundo interfiere las comunicaciones»—, mandarles a decir con el fantasma más fantasma, el dueño de casa, que uno está por allí.

Luego de la Villa Olímpica está la Terminal de Transportes. Basura, hierba seca en los alrededores, dos torres de ladrillo, techos sostenidos por cerchas de acero, suciedad, una inversión de 4.200 millones de pesos y la voz de otro fantasma:

«Con ese dinero la hubieran hecho dos veces. Sin embargo, la Gobernación hará el último esfuerzo. En el presupuesto del año 2003 han destinado otros mil millones de pesos. Es que se trata de una necesidad prioritaria para la región... Y para la guerrilla, que ya se embolsilló cientos de millones y esperan más. Ah. Iliana Varoni, la viuda de Goyo —que también fue alcaldesa—, le invirtió mucho dinero pero no logró ponerla en servicio.

Y más allá de la terminal, la Zona Franca.

«¿Zona Franca? ¿Aquellos escombros de cemento y ladrillo que parecen flotar sobre el pantano?

»Dígale humedal, porque es zona de influencia del Caño de Jesús. Hombre: ahí está el ilusionismo araucano. El proyecto se lo clavaron a la Gobernación en 1998 con la tarjeta de sociedad anónima, es decir, negocio particular. ¿De quién? Pues del gobernador, del gamonal liberal que está en el Congreso, de la guerrilla, del contralor del momento y de funcionarios del gobierno nacional. A usted nadie le va a decir cuánto se han cargado de aquí, pero anote que aparte de todo le deben mil millones de pesos al Instituto de Desarrollo de Arauca. La Asamblea les dio otra cantidad sacada de las regalías del petróleo. Otra cosa: dijeron que les habían dado a unos expertos 380 millones por un estudio de factibilidad y los expertos dijeron que no era factible. Pero como no se trataba de eso sino de meterse la plata en el bolsillo, una mañana volquetas de la Gobernación descargaron estos ladrillos y regresaron con sacos de dinero. Anote esto: aquí hay plata del Ministerio de Desarrollo Económico que en este humedal es socio de la guerrilla. Que ahora los de Bogotá no vengan a dárselas de dignos anunciando guerra total, y que la corrupción, y que síganme los buenos».

Ya, era suficiente. Jamás había hallado tanto vestigio de corrupción en tan pocos kilómetros. Le pedí al fantasma que conducía el auto de los cristales polarizados que regresáramos y sonrió.
—¿Por qué se ríe? —le pregunté.
—Porque apenas estamos comenzando. Falta, por ejemplo, el ilusionismo universal, la mina más grande, el negocio más lucrativo, la gran feria, la guaca de la guerrilla y de los políticos. Se trata... Póngale música... ¿Se la puso? Ahí va: La-An-tio-que-ña.
—Dígamelo en telegrama.
—Quinientos kilómetros de vía entre Arauca, La Antioqueña, Caño Limón, Arauquita, Saravena, Fortul, Tame y regreso a La Antioqueña. La mayor necesidad del departamento. El serrucho con los mayores dientes. Ochenta contratos. Tramos contratados hasta cinco veces pero que no tienen pavimento (OEI nos hizo el favor de ayudarnos con el tramo La Arauca-La Antioqueña, kilómetro 5 al kilómetro 13). Un carnicero colgó el cuchillo y puso un letrero: Ingeniero Constructor.

Milagros de la guerrilla. Presupuestan gasolina y ACPM a precio de Colombia, pero los traen de Venezuela: contrabando. En un tramo de diez kilómetros, cobraron once mil millones y se clavaron tres mil por diferencia de precios de los combustibles. Anticipo recibido, seis mil millones. No han hecho nada. Dicen que no hay gasolina en Venezuela. Pero en Colombia sí. Va a llegar la gasolina venezolana. No importa. Ellos están esperando invierno para seguir parados, alegar fuerza mayor y cobrar reajuste: otros 1.100 millones. Punto aparte.

Resumen: 500 kilómetros, 125 destapados luego de doce años de magia y 80 contratos con los mismos. Beneficiarios: ELN, gamonales y FARC en algunos tramos.

Río Arauca. Como decían en la Edad Media para calcular las distancias, Venezuela está a tiro de cañón del lado colombiano. Mirando en un mapa el Putumayo, que marca otra frontera con Colombia, Vladimiro Montesinos le dijo a uno de sus asesores en la Dirección de Inteligencia Nacional del Perú:

«Debemos atizar esa guerra. Necesitamos que los colombianos hijos de puta sigan matándose entre ellos, porque ahí está nuestro gran negocio: podemos venderles desde raciones de campaña hasta tanques de guerra si los quieren».

Una mañana en el Puente Internacional que nos conecta con Apure recordé aquellas palabras, porque Arauca es un lugar tan estratégico como el Putumayo o como Urabá para esta feria. En la zona se mueven millones, producto de las regalías del petróleo y del negocio de la cocaína a través de alianzas entre guerrilla, narcotraficantes y miembros de la Guardia Nacional de Venezuela. Buena parte de los fusiles y de la munición incautada por el Ejército son venezolanos. Todo está grabado con un sello de la Industria Militar y con el Escudo Nacional de ese país. Se los venden al mejor postor entre el ELN y las FARC, y según el comprador, de aquí para allá llevan dinero o cocaína. De allá vienen armamento y dólares.

Aunque aquí es un cuento trasnochado, el rumor de más de una década fue refrendado por la Fiscalía General de la Nación la primera semana de enero del 2003:

Testigo 1:

«El 20 de junio de 1991 en el hato La Unión, en la frontera con Venezuela, las FARC se reunieron con cinco militares venezolanos, dos coroneles y tres escoltas de la DIN, Dirección de Inteligencia Nacional, pertenecientes a una base de San Fernando de Apure. El coronel que mandaba se dirigió a Gallo Tuerto y le preguntó cómo estaba la zona, que si había paramilitares o gente del gobierno colombiano. Gallo Tuerto contestó que no, que la zona estaba limpia. Entonces el coronel dijo que tenía que ser así porque ellos venían en representación del gobierno venezolano a hablar con el Décimo Frente de las FARC y si se encontraban con el Ejército colombiano o con paramilitares, entonces se les iba a formar un problema bien grande.

»De ahí los transportaron hasta el hato Las Gaviotas, cerca de Panamá de Arauca. Ahí pasaron la noche y al otro día a las seis de la mañana se desplazaron hasta cerca de Pueblo Nuevo y allí se reunieron con Rafael, entonces comandante del Décimo Frente de las FARC. No escuché toda la conversación, pero Gallo Tuerto y Manicomio comentaron luego que se trataba de un manejo de armas y que a las FARC les iba a ir muy bien en ese negocio. Que los militares venezolanos eran los intermediarios.

»Esa noche los militares venezolanos volvieron a Las Gaviotas y al otro día los regresaron al sitio donde los habían recogido en la frontera. Uno de los coroneles es de nombre Mario y los tres escoltas dijeron que pertenecían a una fuerza especial de Venezuela. Unos días después tuve que venir a Arauca capital y por casualidad volví a ver al coronel Mario y a uno de sus escoltas en compañía de gente de las FARC. Estaban sentados en un establecimiento que se llama La Rasca, en la Zona Rosa de esta ciudad.

»Luego comenzaron a llegar vuelos a la pista Milenio, que queda ubicada a la orilla de Caño Negro, zona de Feliciano, cerca de Arauca capital. Los dos primeros vuelos los hicieron en un avión de Arauca con matrícula venezolana. En esos vuelos estaba llegando munición para las FARC.

»Después llegó otro piloteado por El Viejo Julio, aviador venezolano. El avión fue derribado más tarde por el Ejército cerca de Arauca. Capturaron munición y apresaron al piloto.

»Armas y munición llegan de Venezuela en aviones que aterrizan en las pistas de la frontera. Los intermediarios para esa compra son militares venezolanos. El negocio es así: los militares venezolanos les ofrecían las armas a Terraplén, un contratista de cocaína de las FARC, y él las compraba. Grannobles comisionó a Terraplén para que con la plata de la cocaína hiciera cualquier negocio que se tratara de armas y municiones».

Al suroccidente del Puente Internacional, debajo de las primeras jorobas de la cordillera, cerca de los límites con Casanare, tierra de paramilitares, se libra la guerra más intensa del departamento. Su nombre es Tame.

Desde el año 2000, cuando los cultivos de coca estaban en plena producción y el petróleo fue realidad, los paramilitares comenzaron a avanzar por territorios guerrilleros. Los hatos ganaderos más ricos de Arauca, la droga y el petróleo los atrajeron. Frente a estas cosas, tampoco se diferencian de la guerrilla.

Tame es un botín único. Se sabe que allí hay petróleo y al parecer gas. Se sabe que es de muy buena calidad. No se sabe en qué cantidades, pero sí donde aflora: pozo Capacho. Millones de millones en regalías para la guerra.

Cerca de Tame se halla un mar de coca y en la costa de las plantaciones un caserío miserable, menos de mil habitantes, llamado Pueblo Nuevo. Allí, desde un bulto de panela hasta una res, son tasados en dólares.

Los paras saben que controlando ese lugar, controlan la entrada y la salida a través de dos vías. Una conduce a Boyacá, otra a Casanare. Tame es el punto más estratégico de Arauca.

Pero, además, el hilo del conflicto son un pueblo y un pasado con cara de guerra. Hace dos siglos participó en la de Independencia. Hace medio en otra, la de Guadalupe Salcedo, Cheíto Velásquez, el niño Getulio Vargas, José Carreño, nombres que a pesar del tiempo aletean en su memoria.

Allí el mapa de la guerra parece sencillo. El casco urbano controlado por los paramilitares que han avanzado a través de territorios de la guerrilla, y la sabana por las FARC desde cuando arrinconó al ELN bajo los glaciares de la Sierra Nevada del Cocuy, que pertenece al mismo municipio.

Analizando la estrategia paramilitar en Tame, la gente común y las autoridades parecen ahorrar palabras:

—Es algo sencillo pero tan trágico como lo del hato que fue de Octavio Sarmiento, excongresista de la Unión Patriótica y exintendente de Arauca —dice uno de los fantasmas que más conocen su tierra—. A él lo mataron y después los paras se atribuyeron su muerte. Sepultado el señor, alguien se robó el ganado y alguien tomó posesión de sus tierras. Fenómeno que nos viene atropellando porque están llegando gentes nuevas que nadie conoce, que hablan paisa o que usan sombrero... ¿Cómo le dicen en Córdoba?... ¿Vueltiao? Sí, sombrero vueltiao: blanco es...

A comienzos del año 2002 los paramilitares le llegaron a su finca y le advirtieron que se fuera. Él no atendió, era un llanero, esa era la tierra donde había nacido. Por eso lo mataron. Pero mire: los investigadores dijeron que un paraco confesó que Sarmiento tenía una hija con vestido camuflado y fusil de las FARC, y que por eso los dos merecían ese castigo... Como es la costumbre de estos bichos cuando se trata de personas desarmadas, a Sarmiento le dieron por la espalda.

Aún no sale petróleo, pero ya se habla de obras y proyectos de desarrollo en la región. Sin embargo, todo termina en el mismo caldero: los paras les han hecho saber a las autoridades locales que permitirán el trabajo en la región si les dan acceso directo a las regalías petroleras.

La preparación del campo es obvia. Según el Instituto Nacional de Medicina Legal, en el año 2002 Tame registró 210 muertes violentas, el doble que en Arauca capital, cuatro veces más que en Sarabomba y siete más que en Arauquita. Solo en enero del 2003 habían desaparecido 20 personas y muerto seis funcionarios de la Alcaldía.

No son corrientes los enfrentamientos directos entre guerrilleros y paramilitares porque unos y otros se ensañan primordialmente en seres inermes. Sin embargo, en solo un combate registrado —18 de febrero del 2003— el desenlace fueron 70 muertos entre violentos y gentes indefensas que cayeron en el fuego cruzado.

En ese momento el alcalde Jorge Antonio Bernal Rincón atendía desde Bogotá, según él, por amenazas de los paramilitares, mientras por el mismo motivo 1.500 familias habían tomado el camino del destierro.

Estadísticas frías. El espectro de nuestro realismo trágico.

Una pesca milagrosa

Los 400 mil millones de pesos de los impuestos que pagaron los colombianos en algunas semanas se evaporaron ante la mirada de la superintendente bancaria, Sara Ordóñez, voz y entonación de niña, rostro de mujer madura, y frente a los seis ojos de la doctora Fanny Kertzman Yankelevitch, directora de Impuestos y Aduanas, aquella mujer de cabellera viscosa que posaba en las revistas con dos perros de presa para aterrorizar a los contribuyentes. La misma figura, la misma arrogancia de los gobernantes de 1930, promotores del torrente de sangre que nos arrolla hoy.

Ella decía en la televisión que sus guardias penetrarían en los hogares y se llevarían los aparatos eléctricos huérfanos de documentos de importación.

¿Una licuadora amparada en la cocina por su registro de importación mientras diariamente recalan en los puertos buques cargados con armas de guerra de contrabando, y buques y lanchas con cigarrillos de contrabando, y buques con whisky de contrabando, y aviones y buques con televisores y equipos electrónicos de contrabando, y por las carreteras camiones cisterna rellenos de gasolina de contrabando?

Duros con los débiles y débiles frente a los duros.

Cuando la doctora Kertzman Yankelevitch se ubicó en favor de una empresa multinacional papelera y anunció públicamente que gravaría con impuestos los libros y los textos escolares y los cuadernos para los estudiantes, el comentarista Isidro Rodríguez escribió en *El Faro*:

«Como lo dijo públicamente, para ella es lo mismo un libro que un kilo de papas».

Y María Mercedes Carranza en *Semana*:

«Es evidente que la señora Kertzman no distingue entre un libro y un pollo, pues se refiere a la industria editorial como a quienes venden pollos y gallinas, ignorando, por ejemplo, lo que representan las revistas culturales para una sociedad, o un libro para las escuelas.

»Por eso, cuando ella habla de libros lo hace con los argumentos propios de quienes padecen de ese subdesarrollo mental que tiene sumido al país en el subdesarrollo económico».

Sí, ajiaco con papa igual libro. Sancocho de gallina igual texto escolar. Desde luego. Pero nueve meses antes de que desaparecieran ante sus ojos los miles de millones de pesos de los contribuyentes colombianos, voces oficiales le habían advertido en forma insistente:

«Se van a perder millones y millones de pesos de la gente que paga impuestos y usted continúa permitiendo que el dinero siga siendo depositado en un par de bancos en quiebra. Ojo que todo ese dinero se lo van a quedar los del Banco del Pacífico y los del Banco Andino».

Y se lo quedaron gracias a una de las *pescas milagrosas* mejor organizadas dentro del Estado colombiano:

El Banco del Pacífico y el Banco Andino eran de estadounidenses, ecuatorianos y algunos colombianos. El presidente del Banco del Pacífico fue nombrado embajador de Colombia en Washington. El gerente de la firma estadounidense que manejaba el banco, ministro de Defensa Nacional. Uno de los socios de la firma que controlaba el banco ascendió al cargo de gran comisionado de paz de la Presidencia de la República. Otro, a secretario privado del presidente de Colombia.

La superintendente bancaria, encargada por el presidente de la República de controlar el Banco del Pacífico y el Banco Andino, era socia de uno de los directivos del Banco Andino.

Cuando el país comprobó que en los dos bancos habían desaparecido 400 mil millones de pesos de sus impuestos (pesos de hoy), alguien calentó a la doctora de los Impuestos y a la doctora de la Superintendencia Bancaria con un viejo cuento colombiano: dentro de sus oficinas había elefantes, pero ellas fueron las únicas que no los vieron.

No obstante, como en Colombia la ley de la gravedad opera en sentido contrario, los altos funcionarios del gobierno caen hacia arriba luego de esta clase de actuaciones. Por eso, la dama con tono y voz de niña fue nombrada ministra de salud, y la de la figura viscosa y los perros de presa, embajadora en el Canadá.

El comienzo de esta historia que aun no ha terminado, es que el Banco del Pacífico y el Banco Andino recaudaban una parte de los dineros correspondientes a los impuestos nacionales. Un convenio con el gobierno decía que como contraprestación, podían mantener esos recursos durante veinte días, al cabo de los cuales los entregarían a la Dirección del Tesoro Nacional.

No resultó así y el gran negocio —para los bancos, desde luego— se acabó el 20 de mayo de 1999 con una algarabía que la prensa se apresuró a silenciar.

Pero el negocio terminó tarde, muy tarde para el país, porque nueve meses antes, en septiembre, octubre y noviembre
de 1998, Gloria Inés Cortés Arango, directora del Tesoro Nacional, les reclamó a los bancos diferencias en las consignaciones de recaudo al Estado colombiano, síntoma de que algo
andaba mal en sus finanzas, y tanto el Ministerio de Hacienda
como la doctora Sara Ordóñez, superintendente bancaria, y
como la doctora Fanny Kertzman, directora de Impuestos
y Aduanas, fueron informados. Ellos lo supieron a tiempo, pero
no actuaron como deberían haberlo hecho, según documentos en por lo menos tres de los cuatro expedientes de investigaciones, una fiscal, otra disciplinaria, otra política y una
cuarta penal, todavía vigentes pero olvidadas.

En octubre de 1998 —siete meses antes de que los bancos
coronaran su pesca milagrosa—, en un informe interno de
la Superintendencia Bancaria llamado *Documento No. 8*, re-
lativo a inspección, diagnóstico y proyecciones del banco, la
firma A. de Juan y Asociados le informa a la doctora Sara
Ordóñez:

«La situación del banco en términos de patrimonio y de
resultados es muy grave».

En un informe interno de la Contraloría (17 de agosto del
2001), un analista le dice al contralor general:

«A pesar de las advertencias sobre su delicada situación
patrimonial, la directora de Impuestos y Aduanas, Fanny
Kertzman, hizo todo lo contrario y amplió el plazo para consignar en el Banco Andino».

Pero como si aquello no fuera poco, «La doctora Fanny
Kertzman les expresó a directivos del Banco Andino su des-
preocupación por la mora en la consignación de los recau-
dos, por cuanto Impuestos y Aduanas se estaba beneficiando
con los intereses de mora que percibía. Y, además, ella dijo

que ese era un problema del Tesoro Nacional», según lo declararon ante la Fiscalía Gregorio Alfredo Obregón Rubiano, presidente de la junta directiva, y Mario Yépez López, vicepresidente financiero del Banco Andino.

Luego de que coronaran la pesca milagrosa, la Contraloría anota en su investigación preliminar: «El banco en liquidación advirtió que no reconocerá intereses moratorios en ningún caso». De eso se trataba. Quienes debían pagar eran los bolsillos anémicos de los colombianos.

En diciembre de 1988, la Contraloría General de la República intervino en Impuestos Nacionales y en el Ministerio de Hacienda y en un informe le dijo al Ministerio de Hacienda y a la directora de Impuestos lo mismo que les venía diciendo cuatro meses atrás la directora del Tesoro: ustedes están permitiendo que esos dos bancos recauden dinero del público, pero ambos están mostrando una clara insolvencia en este momento. Cuidado. Revisen la situación.

La Contraloría advertía que en los dos bancos había falta de liquidez y que su solvencia era el bolsillo de los contribuyentes colombianos, dicen los investigadores. Sospecha confirmada por ellos dos años más tarde, el 17 de agosto del 2001, cuando anotan en un informe interno para el contralor:

«El Banco del Pacífico tenía problemas de liquidez desde por lo menos el año 98, y por ello acudió como salida al recaudo de impuestos nacionales y tributos aduaneros».

Un nuevo campanazo se escuchó el 12 de enero de 1999 cuando la directora del Tesoro Nacional volvió a reclamarles a los bancos por sus demoras y por no entregarle al Tesoro todo lo que ya le debían.

El 17 de marzo la directora del Tesoro Nacional les pide por quinta vez explicaciones a los bancos sobre el incumplimiento reiterado con los plazos para entregarle al Estado el dinero de los impuestos recaudados por ellos y como siempre le envía copias al ministro de Hacienda, Juan Camilo Restrepo, a la doctora de los perros y a la de la voz y entonación de niña.

Pero, además, ese mismo día la directora del Tesoro les pide a los mismos funcionarios que les cancelen a los bancos la autorización para recaudar impuestos y recibir declaraciones de renta.

Unos días después, el mismo marzo, el Tesoro reclamó nuevamente por incumplimiento reiterado y les dijo a los bancos que estaban cometiendo «una falta grave». Ese mismo día volvió a incomodar al señor ministro, a la doctora Sara Ordóñez y a la doctora Fanny Kertzman, pero ahora iba más allá: les dijo que era necesario, ahora sí, que les cancelaran el negocio a los bancos.

Silencio del señor ministro y de las doctoras.

Quince de abril. Nueva reclamación del Tesoro Nacional a los bancos, y como ya era recurrente, y normal, y «cansón» como dicen en Antioquia, se les da pronta información al Ministerio de Hacienda, a la doctora Kertzman y a la doctora Sara Ordóñez.

Diez de mayo. Nuevamente la directora del Tesoro reclama ante los bancos y le recuerda por enésima vez al Ministerio de Hacienda que esa entidad es la única que puede ponerle punto final al convenio. A la doctora Kertzman Yankelevitch le informa, por enésima vez, que resulta fatal para el Estado que los bancos continúen con la autorización para recaudar impuestos y recibir declaraciones de renta, repitiéndole que debe tomar medidas rigurosas en favor del dinero de los colombianos. A la doctora Sara Ordóñez le notifica por enésima vez que el mismo elefante de hacía tres trimestres seguía moviéndose dentro de su despacho, pero ella continuó sin advertirlo.

El ministro de Hacienda y la doctora Sara Ordóñez y la doctora Kertzman tampoco tomaron por enésima vez las medidas de rigor. Según documentos en poder de la Contraloría General de la República, se limitaron a enviarles cartas a los bancos preguntándoles qué estaba sucediendo.

Tres días antes de que por fin el ministro y las doctoras fueran abocados a cortarles el chorro a los bancos, ocurrió algo aún más sorprendente: las consignaciones se dispararon en forma inusual.

Según un análisis de la Contraloría General de la República, hasta entonces el promedio de captación de impuestos había sido «normal», pero una vez que se conoció en medios del alto gobierno que los bancos serían intervenidos, ese promedio se disparó de 2 mil a 25 mil millones de pesos diarios.

Los documentos oficiales señalan que solamente en el Banco del Pacífico, el día 17 de mayo fueron captados 57 mil millones de pesos, suma superior a la de cualquier banco.

El 18 y el 19, once mil millones.

El 20 de mayo, cuando por fin la Superintendente Bancaria profirió un acta administrativa para intervenir, el del Pacífico captó 33 mil millones.

Según otro informe de la Contraloría, entre la cancelación del convenio para recaudar y la intervención de la superintendente en los bancos, transcurrieron dos días. «Esa demora de la doctora Sara Ordóñez le costó al país 44 mil millones de pesos, solo en el Pacífico», subraya uno de los investigadores.

El mismo documento anota algo aún más contundente sobre esta pesca milagrosa:

«Los directivos del Banco del Pacífico y del Banco Andino supieron desde el 17 de mayo, tres días antes de ser intervenidos, que al día siguiente les podrían estar notificando la resolución de suspensión del convenio de recaudo, ya que la misma doctora Fanny Kertzman se lo avisó a ellos».

En esos cuatro días —dice también el análisis citado—, el recaudo de impuestos solo en el Banco creció en un 700 por ciento frente al mismo periodo anterior. La captación en marzo, abril y mayo de la vigencia pasada había sido de 23 mil millones. Ahora ascendía a 217 mil millones.

«Un fenómeno notorio, evidente y a la vez extraño», dice uno de los investigadores de la Contraloría y luego se pregunta:

«Pero, por otro lado, ¿quién dentro del gobierno, informado con anticipación sobre la inminente intervención de los dos bancos, les dio orden a las entidades y a las empresas del Estado de consignar allí sus impuestos en masa? Alguien del alto gobierno tuvo que haberlo hecho. La pregunta es: ¿quién o quiénes? ¿Quién o quiénes movían estos hilos sin que se vieran sus manos? Esa debería ser materia clave dentro de la investigación penal».

Por otro lado, los investigadores de la Contraloría establecieron que, «A la fecha de su intervención (20 de mayo de 1999) solamente el Banco Andino tenía captados por impuestos y tributos aduaneros del Estado colombiano, 112 mil millones de pesos.

Ese día el dólar se cotizaba en Colombia a 1.600 pesos.

Una vez cauterizada aquella arteria, los dineros de los impuestos no pudieron ser recuperados, puesto que empezaron a formar parte del acervo de la liquidación.

En las investigaciones previas figuraron como responsables el ministro de Hacienda y la doctora Fanny Kertzman, pero en un análisis realizado tres meses después, el 17 de agosto del año 2001, la Contraloría General de la República anotó:

«Desde un año antes de haber sido intervenidos, la Superintendencia Bancaria tenía conocimiento de la iliquidez de los bancos del Pacífico y Andino, que sobrevivían con los dineros recaudados por concepto de impuestos y aduanas».

El Banco del Pacífico era ecuatoriano, pero quien tenía allí el poder se llama WestSphere, una firma estadounidense que, ahora se sabe, es el epicentro de la desaparición de los impuestos que pagaron los colombianos en esta rapiña todavía vigente pero silenciada. Por ella nadie ha sido llamado a responder formalmente, la justicia penal no ha responsabilizado a nadie, nadie ha sido sancionado. Hoy los colombianos continúan sufriendo las consecuencias de esta pesca milagrosa y están frente a la amenaza de perder nuevas sumas de miles de millones. Sin embargo, quienes debían actuar guardan silencio.

La trama de esta comedia quedó al descubierto en el año 2001, cuando una juez de la Florida le dijo no al Estado colombiano, que había realizado allí una estrategia —dudosa como el resto de esta historia— para simular que trataba de recuperar algo más de cien millones de dólares de sus impuestos. Hoy aquí, la suma equivale a unos 300 mil millones de pesos perdidos solo en el Banco del Pacífico. Es decir, un hospital de tercer nivel en un país con 27 millones de indigentes que deben morir en las calles.

A través de la directora de Impuestos y Aduanas, Fanny Kertzman, el Estado le anticipó dos millones y medio de dólares a la firma de abogados White and Case, de Miami. Finalidad: demandar al Banco Andino. Solamente al Andino. No actuaron contra el Banco del Pacífico, a pesar de que en ambos se habían perdido los dineros de los impuestos.

Según la investigadora Consuelo Ahumada en su libro *Cuatro años a bordo de sí mismo*, «En una decisión sin antecedentes en la historia del país, la funcionaria viajó a Miami en septiembre de 1999 y contrató a una prestigiosa firma de abogados... Kertzman les anticipó dos millones y medio de dólares de los cinco que le cobraron los abogados.

»Finalmente, lo más irónico de todo es que Nicolás Landes, directivo del banco y autoexiliado en Miami, contrademandó a Colombia por cien millones de dólares, alegando que su honra y su buen nombre habían sido afectados en los Estados Unidos debido a las acciones judiciales emprendidas en su contra». En noviembre del 2002 una Corte rechazó su demanda.

La «Operación Andino» les ha costado a los colombianos solo en el último capítulo, siete mil millones de pesos de enero del año 2003 —mil escuelas para mil niños cada una: un millón de seres rescatados de la ignorancia en un país de ignorantes donde la gente muere por esta causa.

A finales del año 2002 el Estado perdió el juicio ante la Corte de Apelaciones de Atlanta por demandar sin pruebas. En el Banco Andino habían desaparecido 210 mil millones de pesos de hoy.

Razón: el Banco Andino no tenía ninguna sucursal en los Estados Unidos, ni es posible demostrar que hubo un solo dólar de las arcas de aquel país dentro del problema de ese banco.

A quien debería haber demandado el Estado colombiano en Miami era al Banco del Pacífico, que se benefició de la Overseas Private Investment Corporation (OPIC), a través del fondo WestSphere que había captado, entre otros, cien millones de dólares entregados por el gobierno Clinton.

OPIC es una agencia federal pública que ayuda a compañías estadounidenses a invertir en países en desarrollo. Pero además, WestSphere era socio del banco y a la vez representante de un fondo de pensionados de los Estados Unidos; el Pacífico tenía allí una sucursal en la cual recibía ahorro de los Estados Unidos y, finalmente, de esa sucursal habían salido préstamos a empresas de WestSphere, una organización estadounidense.

Pero, ¡bingo!

La firma de abogados White and Case representa a su vez a la WestSphere, accionista del Banco del Pacífico.

A raíz de registros de prensa en los Estados Unidos sobre el descalabro de la demanda —transcritos con timidez por los medios locales—, los congresistas Gustavo Petro y Hernando Carvalho promovieron un debate en la Cámara de Representantes. Ellos aportaron pruebas de los cargos hechos a lo largo de la controversia, con excepción de aquellas mediante las cuales es posible identificar a los responsables de operaciones en el sistema bancario de las islas Caimán, señaladas en el mundo como paraíso fiscal.

Esos documentos, textos del debate publicados en el *Diario Oficial*, el acervo de la Contraloría General de la República y grabaciones oficiales realizadas por el Congreso, son las principales fuentes de información en que está basado este capítulo.

«En el momento del debate, el ministro de Hacienda Juan Camilo Restrepo había renunciado a su cargo, pero antes de retirarse puso en marcha la más drástica cascada de impuestos de la historia hasta ese momento», señala Consuelo Ahumada en su libro *Cuatro años a bordo de sí mismo*.

Voces del debate, transcritas de documentos y grabaciones oficiales:

«La historia del Banco del Pacífico en sus últimos años —habla el congresista Petro en la Comisión Tercera de la Cámara— comienza con la muerte del fundador cuando algunos fondos de pensiones del hemisferio norte, especialmente alemanes y estadounidenses, comenzaron a invertir en América Latina. En ese momento el Banco del Pacífico se convirtió en representante del WestSphere, un fondo estadounidense.

»Por hacer inversiones en América Latina, esa organización recibe dineros del presupuesto de Estados Unidos a través de una agencia pública, la OPIC, que tiene que ver con la protección de inversiones».

Una de las sucursales de WestSphere en América Latina creada dentro de sus planes fue la de Colombia, algunos de cuyos socios son:

Jacob Bibliowicz, importante financista de la campaña del presidente Andrés Pastrana.

El doctor Luis Alberto Moreno, un ciudadano colombo-estadounidense que más tarde sería enviado a Washington como embajador de Colombia y ratificado en su cargo cuatro años después por el gobierno de Uribe Vélez.

El doctor Moreno nació en Filadelfia. Se recibió en negocios y economía en la Universidad de la Florida en 1975, y en estudios de gerencia internacional en Thunderbird en 1977. Fue socio minoritario de WestSphere Andino —un fondo de 230 millones de dólares— y aunque en el debate lo negó con grandes voces y grandes ademanes, los congresistas exhibieron documentos que demostraban lo contrario, ante la risotada de las barras.

El doctor Luis Fernando Ramírez, distinguido con el cargo de ministro de Defensa Nacional. Cuando lo nombraron, ocupaba el puesto de gerente de WestSphere en Colombia y era socio del Banco del Pacífico. Pero con el fin de que nadie dudara de su honorabilidad, renunció antes de dedicarse a trazar las grandes estrategias de Estado en el campo de la defensa.

El doctor Camilo Gómez, quien ocupó el cargo de gran comisionado de paz del gobierno.

El doctor Gabriel Mesa, suplente de la junta directiva de WestSphere, fue nombrado secretario privado del presidente Pastrana.

La dueña de la oficina que ellos ocuparon como WestSphere, carrera séptima número 71-21 oficina 702, de Bogotá, era la doctora Sara Ordóñez, a quien el presidente Pastrana ubicó como superintendente bancaria. Su función consiste en vigilar a los bancos que operan en el país.

La doctora Sara Ordóñez fue miembro del Banco Andino.

Salomón Kassin Tesone, banquero de inversión, 52 años, era miembro de Andino Capital Markets, fondo de inversiones del Banco Andino.

Quien debía vigilarlo como superintendente era la doctora Sara Ordóñez. Pero la doctora Sara Ordóñez era su socia en una agencia, medio de publicidad, medio de manejo de imagen, medio de comunicaciones, llamada Sanchiz y Asociados.

No se sabe realmente dónde funcionó la empresa porque el 20 de abril de 1988, cuando firmaron la escritura de constitución 1485 en la notaría 35 de Bogotá, sus socios no protocolizaron ninguna dirección de domicilio.

Tampoco lo hicieron el 17 de junio en la Cámara de Comercio, cuando se matricularon bajo el número 638406 del libro 9.

Según ese documento, la junta directiva estaba conformada por José Luis Sanchiz, Salomón Kassin Tesone y Rodrigo Puyo Vasco.

La primera suplente era la doctora Sara Ordóñez, cédula de ciudadanía 41.375.590.

En 1997 el exministro de Hacienda Juan Manuel Santos denunció al señor Kassin Tesone en su columna de *El Tiempo*, acusándolo de haber utilizado testaferros para que la Electric City Fund Inc se quedara con Termocartagena.

Moisés Jacobo Bibliowicz era un viejo cliente del Banco del Pacífico, había recibido pequeños créditos a través de numerosas empresas que iba conformando, la mayoría de ellas con sucursales en paraísos fiscales. Pero no pagaba. Se endeudaba cada vez más con el banco.

Según archivos, el 4 de diciembre de 1998 le debía al banco 2.458 millones de pesos, suma que canceló tres meses después de lo pactado, con el producto de otro préstamo por 2.200 millones. Y cubrió un sobregiro por 1.610 millones de pesos.

Estando en aquello de abrir un hueco para tapar otro, alguien lo catapultó como miembro de la junta directiva del Banco del Pacífico Colombia. Luego lo nombraron en la del Ecuador.

WestSphere Colombia se transformó en WestSphere Andina y amplió su espectro a los países de la región.

Hallándose Bibliowicz en la junta directiva del Banco del Pacífico Ecuador, WestSphere compró el diez por ciento de las acciones de la matriz del banco en ese país. El fondo de pensiones estadounidense lograba así el control administrativo de la institución. Una vez con la sartén en la mano nombraron como presidente de la junta directiva del Banco del Pacífico Ecuador al doctor Luis Alberto Moreno.

Ubicado en aquella posición, el doctor Moreno firmó un contrato que no registró en los estados contables, por lo cual hoy tiene pendiente un proceso penal en Ecuador. Se trata de una cláusula de garantía que obliga a la casa matriz del banco a responder por cualquier pérdida patrimonial que se presente en sus sucursales, desde luego incluida la de Colombia.

De acuerdo con las leyes, aquel documento debería haber sido registrado, pues se trata de una cuenta contingente, una nota contable, tenida en cuenta en los estudios de los balances. No se hizo así.

Pero, ¿por qué WestSphere buscó controlar al Banco del Pacífico? Sencillamente porque desde allí controlaba sus sucursales: la de Colombia, la más pequeña de todas; la de Panamá... la de Miami.

En Miami, el doctor Ricardo Moreno —hermano del embajador en Washington, Luis Alberto Moreno— fue vicepresidente financiero del Pacific National Bank, hasta cuando éste se acabó luego de haber desaparecido miles de millones de pesos de los contribuyentes colombianos.

Según *The New Herald* de Miami y *El Tiempo* de Bogotá (25 de junio del 2001), el Banco Andino fue saqueado por Nicolás Landes de acuerdo con la demanda presentada por el Estado colombiano. El banquero ecuatoriano afirmó durante su defensa que en 1994 el doctor Luis Alberto Moreno estuvo varias veces en su lujosa mansión de Miami junto con el doctor Andrés Pastrana, cuyo gobierno se abstuvo de demandar a la filial del banco del Pacífico en Miami.

Luego confirmó que algunos socios de WestSphere, firma que controlaba el Banco del Pacífico, fueron homenajeados por el presidente Andrés Pastrana en la Casa de Huéspedes Ilustres de Cartagena de Indias.

Pero hablando de los negocios de los amigos del presidente Pastrana en la Comisión Tercera de la Cámara, un salón del quinto piso ocupado por congresistas y periodistas, y dos plantas y un par de pasillos atestados de público, televisión en vivo y en directo, micrófonos de las estaciones de radio, el congresista Petro se preguntó: ¿qué hacían Luis Alberto Moreno y Moisés Jacobo Bibliowicz?

«En mi opinión —respondió él mismo— y según nuestra investigación, ellos se dedicaban a hacer autopréstamos para WestSphere, pero a escala latinoamericana.

«Es importante recordar —agregó— que en el momento de su quiebra el Banco del Pacífico en Colombia se encontraba bajo el control de los amigos de Pastrana, y en especial de Bibliowicz».

Según *El Espectador* (26 de agosto del 2001) y *El Tiempo* (16 de junio del 2002), tenían vínculos con una empresa llamada Luminex, de propiedad de Bibliowicz, el doctor Fernando Londoño Hoyos, disparado por el presidente Uribe Vélez como ministro del Interior y de Justicia a la vez, y el embajador Luis Alberto Moreno.

El 13 de septiembre de 1994, mediante el formato 188 de la Superintendencia Bancaria, el señor Jacobo Bibliowicz hizo la solicitud VJ 56179 para que fuera evaluada su posesión como miembro de la junta directiva del Banco del Pacífico.

A ese formato le adjuntó una carta de la empresa Luminex (5 de agosto de 1994), dirigida a Juan Carlos Bernal Romano, Banco del Pacífico, en la cual le expresa que acepta la designación como miembro suplente personal del doctor Fernando Londoño Hoyos en la junta directiva del Banco del Pacífico Colombia.

Bibliowicz presenta como referencias personales y comerciales al doctor Fernando Londoño Hoyos, calle 96 No. 9-46, teléfono 256 15 11, y al doctor Luis Alberto Moreno, transversal 27 No. 39-71, teléfono 269 65 13 de Bogotá.

«Denunciar al Banco del Pacífico en Miami equivalía a llevar a los estrados judiciales de Estados Unidos, por lo menos como testigo, al embajador de Colombia en Washington, por lo cual el gobierno Pastrana no hizo lo que tenía que hacer», dijo luego Petro.

En nuestros exámenes y en nuestras indagaciones —continuó— nos centramos primero en el Banco del Pacífico Colombia, pero si uno hace el análisis en el conjunto de los bancos

—y el nuestro fue incompleto—, ustedes encuentran que del Banco del Pacífico Ecuador salieron cinco millones de dólares a empresas donde WestSphere tenía inversiones. En el caso de Argentina, por ejemplo. En estos documentos están nombres, fechas, cifras, nombres...

»De Panamá salieron varios millones de dólares a empresas WestSphere localizadas en varios puntos y personas en América Latina, incluido el señor Moisés Jacobo Bibliowicz Volovitz, como es su nombre completo.

»Del Banco del Pacífico Colombia, que nosotros analizamos a profundidad, salieron préstamos a las empresas del señor Bibliowicz en varias modalidades, igual que a empresas del grupo Lloreda, amigos del presidente de la República. Dos de ellos fueron ministros de Estado.

»De Miami salieron alrededor de 40 millones de dólares, cantidad apreciable de dinero, para empresas de WestSphere en Colombia que básicamente eran del señor Moisés Jacobo Bibliowicz pero él se las vendió a WestSphere. Se trataba básicamente de empresas de flores localizadas en Madrid, no lejos de Bogotá. Esas fueron las inversiones más grandes que nosotros detectamos y por eso mismo las seguimos, pero cuando llegamos a los sitios señalados en los documentos no encontramos nada. Allí había unas carpas con trabajadores a quienes no les pagaron sus salarios. No hallamos cosas físicas porque lo de Moisés Jacobo Bibliowicz Volovitz en este caso eran empresas de papel, a través de las cuales fluían autopréstamos para él y para otros miembros de la directiva de WestSphere, como un señor Valdapalas y dos señores de apellido Bohórquez.

»Durante nuestra investigación también detectamos no solamente las entradas en dólares sino las salidas en dólares con destino a las islas Caimán.

»Estas son parte de tales empresas de flores —dijo el congresista y leyó parte de los documentos que tenía en su poder, hoy clasificados en archivos de la Cámara de Representantes.

»Empresas que nacen entre 1996 y 1997 y a los tres años entran en liquidación, pero dejan un inmenso rastro de prestaciones laborales que nunca les pagaron a los trabajadores.

Polo Flowers, creada en 30 de julio de 1991. La junta directiva estaba encabezada por Moisés Jacobo Bibliowicz. Luego hay otras en las mismas condiciones:

Agrícola Los Árboles
Máxima Farm Ecuador
Máxima Farm S.A.
Máxima Farm Inc.
Máxima Floral Traders S.A.
Máxima Berris S.A.
Rambo Flowers
CI Máxima Floral Traders S.A.»

Revista *La Nota Económica*, 7 al 21 de junio de 1999:

«El nuevo ministro de Defensa Nacional, Luis Fernando Ramírez, trabajó en la Corporación Financiera Colombiana durante la gerencia de Sara Ordóñez. Después de especializarse en el Centro de Estudios Internacionales de la Universidad de Harvard, regresó al país para crear en compañía de Luis Alberto Moreno el fondo de inversión WestSphere Andina que operó especialmente en la consecución de recursos para proyectos de flores».

Desde el Canadá, la embajadora Fanny Kertzman anunció a mediados del año 2002, que desplegaría una infatigable campaña para combatir la mala prensa que se le hace a Colombia.

El debate:

«Según nuestro criterio luego de investigar a fondo, ¿con qué fin creemos que WestSphere buscó el control del Banco del Pacífico? Pues para ordeñarlo. En primer lugar, obtuvo allí créditos que no pagaron —esos los pagamos los colombianos con nuestros impuestos—. Luego, los dineros de las empresas ficticias fueron a parar a las islas Caimán, cuyos destinatarios están por ser identificados porque las autoridades colombianas competentes no lo hicieron.

»Ahora: ¿qué pasa en Colombia? Colombia vive hoy una parte del episodio de las islas Caimán. ¿Cuál? Que el Banco del Pacífico Colombia también entregó autopréstamos a Jacobo Bibliowicz, y préstamos a amigos del presidente Pastrana y amigos de los amigos de Pastrana».

Bibliowicz formó parte de la delegación oficial colombiana que viajó a Washington con el presidente Pastrana en octubre de 1998, en la primera visita como jefe de Estado.

En la sesión fue leída parte de una larguísima lista de personas y entidades que recibieron préstamos, encabezada por los siguientes:

* Gramex S.A., en liquidación. Empresa creada el 27 de junio de 1997 por escritura pública 1465, notaría 16 de Bogotá.

Junta directiva encabezada por Moisés Jacobo Bibliowicz Volovitz

* Grafex S.A.

Sede: carrera 21 No. 37-57

Gerente general: David Puyana

* El Filo Ltda.

Sede: carrera 21 No. 37-57

Gerente: Eduardo Puyana Rodríguez.

«Los señores Puyana son familiares estrechos de la primera dama de la nación, Nohora Puyana de Pastrana», explica Petro. Luego dice:

»También recibió préstamos el Grupo Lloreda de Cali, que luego iba a tener dos ministros de Estado dentro del gobierno Pastrana».

El 2 de agosto de 1996 se les concedió uno por 800 millones de pesos.

Luego otro de 1.407 millones el 25 de agosto de 1997.

Con acta 246 del 7 de junio de 1998 autorizan pasar el endeudamiento a dólares para operaciones de carta de crédito o giros financiados hasta por 2.300 millones.

«Ellos se estaban ganado la revaluación del dólar —comenta el congresista y prosigue—:

»Más adelante se le concede otro préstamo a Inversiones Jabonera S.A. hasta por 2.150 millones de pesos. Una operación puntual.

»El 30 de diciembre de 1998 se reúne el comité y le aprueba a Jabonera otra operación puntual hasta por 2.176 millones de pesos.

»Lloreda S.A. e Inversiones Jabonera son una misma de acuerdo con documentación que reposa en la carpeta comercial de Lloreda S.A. —explica el congresista y continúa—:

»La investigación que ordenó por fin la Superintendencia Bancaria no muestra salida de dineros, sencillamente porque los dineros ya habían salido en préstamos a las empresas amigas del presidente de la República y de Bibliowicz y sus amigos. Entonces ese faltante causado por la gente que recibe préstamos pero no los paga, ese faltante lo están llenando con los impuestos de los colombianos.

»Otro punto: cuando se hace aplicable la cláusula según la cual el Banco del Pacífico Ecuador debía cubrir los faltantes y las obligaciones del Banco del Pacífico Colombia los debe cubrir el Banco del Pacífico Ecuador —que también quebró porque el proceso de ordeñamiento fue a escala latinoamerican—, encuentran ustedes que los propietarios, incluido WestSphere, le han hecho firmar un contrato al gobierno ecuatoriano según el cual, cuando se vendan los activos del banco, quienes reciban lo que perdieron no son los ahorradores del Ecuador sino los antiguos propietarios del banco. El mayor accionista es WestSphere. Por eso estamos en condiciones de asegurarlo, y tenemos las pruebas para demostrar que ese dinero nunca lo recuperará Colombia.

»Pero, además, todo está perdido porque, cuando era su total obligación, el doctor Luis Alberto Moreno no dejó en los balances la nota que le hubiera permitido a Colombia acogerse a la cláusula clave y pelear los dineros de nuestros impuestos.

»En la Comisión Tercera de la Cámara contamos con pruebas para demostrar la verdad de todos los pasos de este asunto —aclaró el congresista citante.

»Sin embargo, nuestro camino terminó en las islas Caimán —dijo finalmente—. Allí no fue posible establecer quién está detrás del sistema bancario local hasta el cual fue a parar el dinero de los impuestos de los colombianos. Esa es una información que solamente la entregan a autoridades colombianas. Pero las autoridades colombianas no han ido hasta allá».

Nada de esto publicaron los medios de prensa. Para ellos la noticia era la declaración airada del doctor Luis Fernando Ramírez, ministro de Defensa Nacional. Según él, una investigación exhaustiva de los servicios de inteligencia militar comprobó cómo el debate no fue más que una patraña orquestada por el terrorismo para distraer los golpes que el Estado le estaba asestando a la narcoguerrilla.

Cuando todo parecía olvidado, el 7 de enero del año 2003 la Procuraduría General de la Nación hizo público un pliego de cargos contra las doctoras Sara Ordóñez y Fanny Kertzman por la pérdida de una parte del dinero consignado en el Banco del Pacífico.

Según la Procuraduría, presuntamente las funcionarias permitieron la pérdida de 15.600 millones de pesos de los impuestos, al valor de esa fecha (dólar a 2.907 pesos).

Un informe de la Cepal, organismo regional de las Naciones Unidas, dado a conocer el mismo mes, dice que en ese momento 22 de los 40 millones de colombianos se hallaban en el umbral de la pobreza extrema.

El cruce de la vaca negra

Martes 1° de octubre de 2002
Las entidades con los peores índices de transparencia y mayor riesgo de corrupción en el país son el Congreso de la República y los ministerios de Defensa y Educación Nacional.
Corporación Transparencia por Colombia.

«¿Quién dijo que la guerra da espera? Sería absurdo decir que la guerra nos permite perder tiempo, mi querido amigo. En enero de 1999 dijimos "carajo, ya, pero ya, hay que reforzar la flota de helicópteros del Ejército".

»Mi general dijo que sí y habló con el señor presidente de la República. "Señor presidente, la guerra no da espera. Los helicópteros son de urgencia suma", le comentó. Y el señor presidente, que sí: "Prioridad Uno A". Ya con el visto bueno del señor presidente nos pusimos a trabajar, pero "urgencia suma": apenas a los seis meses, el último día de junio, el comandante general designó al gerente del proyecto. Yo me fui para el norte y aquí comenzaron a estudiar las necesidades tácticas, pero carajo, a pesar "de la premura que exige la guerra", apenas en diciembre del 2000, un año y dos meses después, el comité técnico presentó un informe final.

»Bueno, se trataba de comprar seis helicópteros. "Como es con plata colombiana, compremos rusos", dijo mi general, y los demás: "Sí, mi general, compremos rusos".

»Desde hacía unos cuántos años, primero alquilado y luego propio, estábamos volando el MI-17 para transporte, digamos que con buenos resultados. Los narcoguerrilleros lo llaman "la papaya", porque en un principio estaban pintados de amarillo y como son anchos y lentos, porque son utilitarios, es decir, para transporte de tropa y de carga, donde se acerquen a la bala, pues *dan papaya*. Así nos han tumbado algunos. Bueno, sea lo que sea, es una máquina estupenda.

»Para mí estupendo es, por ejemplo, el techo operativo: el MI se trepa a seis mil metros sin torcer la cola. Estoy hablando de cumbres como el Macizo Central Colombiano, el volcán Galeras, Patascoy, la Sierra Nevada del Cocuy, el Nevado del Ruiz y todo ese mapa de cumbres y de páramos donde están las guaridas de los hijueputas bandoleros, como dice mi general Mora. Seis mil metros de techo se conversan dos veces. Pero, además, el MI puede llevar treinta soldados armados y equipados, y tres tripulantes. ¿Alcance? Seiscientos kilómetros cuando va con un tanque de combustible, y mil con dos tanques. El país tiene mil kilómetros de extremo a extremo».

Pero «Oh, sorpresa», debió exclamar el general del norte cuando supo que a pesar de todo, aquí los estrategas habían decidido adquirir un helicóptero ruso, es cierto, pero más pequeño y más caro que el MI-17. Digamos que se trata del MD, «El Toro del Aire», como le dicen unos fabricantes rusos de Ulán-Udé, la tierra de Gengis Kan vecina de Mongolia, una nave cuya cabina es más pequeña y por tanto solo le pueden acomodar veinte soldados, su puerta de acceso más estrecha y soportada por bisagras, problema para una evacuación de emergencia. Las de la competencia —que no fue tenida en cuenta en este negocio— son corredizas.

Ni la Contraloría, ni la Procuraduría, ni la Fiscalía, entidades que trataron de rasguñar el tema, conocen detalles de fondo porque se trataba de una negociación ultrasecreta, gastos estratégicos para seguridad y defensa, de los cuales no se le rinden cuentas a nadie. Pero lo cierto es que el comandante de la Fuerza Aérea le había preguntado a la embajada rusa el 28 de julio del 2000, qué empresas podrían venderle «El Toro del Aire», es decir, el MI-17 MD para uso militar, y la embajada respondió que solamente una empresa estatal llamada Roosvorouzhenie, lo cual no es cierto, según miembros de la misma Fuerza Aérea y expertos en el tema consultados, porque también los fabrican en Ucrania.

Desde luego, estas cosas se decían de dientes para adentro porque estaba en marcha una operación ultrasecreta: *top secret* como dicen en colombiano posmoderno. Seguridad nacional, usted sabe.

Lo cierto es que cuando más tarde se dieron a conocer los «términos de referencia», o sea características de la máquina que pedía el Ejército, cualquier aficionado podía ver claramente cómo era el cruce: «Animal de piel negra, un par de cachos, ubre con cuatro pezones y, además, le gustan los toros...». «Toro del Aire» solo hay uno.

Gracias al arte de la antesala, la única que se presentó a la contratación directa, *top secret*, alta estrategia militar, fue la firma rusa Roosvorouzhenie, señalada por el embajador de su país. Y aunque los estrategas colombianos sabían que había otros fabricantes y otros vendedores, ellos ya estaban inclinados, decididos, resueltos por los rusos.

Sin embargo, como elenco secundario invitaron a un coro compuesto por Ulán-Udé de Mongolia, y a un supuesto re-

presentante suyo en Colombia —no al verdadero—, y a otro
en México y a un tercero en el Perú. Y también llamaron a un
fabricante de Kazán en los Urales rusos que no comercializa-
ba sus máquinas en ese momento, a Sikorsky (la de los Hal-
cones Negros) y a la Bell, ambas de los Estados Unidos; a
Eurocopter de Francia, a Augusta de Italia.

Como diría luego el general del norte, en aquella contratación directa solo tuvieron chance los verdaderos elegidos
que desde mucho antes de abrir pliegos de condiciones eran
los rusos, vendedores de aquel rumiante de cuatro pezones y
dos cachos.

En otras palabras, para que aquella comedia tan oficial y
tan colombiana pareciera de buena trama, invitaron también
al escenario a los coros de Mongolia, al Circo de Kazán, al
Mariachi del Charro Latuada, a la selección Perú, pero a la
vez a la Chevrolet y a la Renault y a la Fiat, y desde luego a
los fabricantes de La Fina, la margarina, la preferida en la
mesa y la cocina.

Un par de años después, en un allanamiento de la Fiscalía
General de la Nación y de la Contraloría General de la República en las oficinas del representante de los vendedores rusos en Bogotá, quedó al descubierto que «en las pruebas
trasladadas al expediente fiscal (cuadernos 1, 2 y 6) se encontró que la firma Eximco S.A. tenía en su poder documentación de circulación restringida como correspondencia del
Ministerio de Defensa, copias oficiales de aprobación de recursos y archivos magnéticos donde consta que esa firma tuvo
acceso al contenido de los pliegos antes de su puesta en circulación. También tenían copias de las ofertas presentadas al
Ministerio de Defensa por otras empresas competidoras».

El contralor delegado para el sector defensa dice:

«En ese allanamiento encontramos que los mismos representantes comerciales de los helicópteros rusos en Bogotá fi-

jaron los términos de referencia, escribieron las respuestas de la embajada de Rusia en su propia computadora; y, óigame bien: ellos también redactaban las respuestas del Ministerio de Defensa de Colombia.

»Mire —agrega—, nosotros y los de la Fiscalía hallamos que los pliegos que se vendieron el 12 de febrero del 2001, los habían modificado el 7 de febrero anterior en la computadora de los vendedores. O sea que ellos conocieron y acomodaron a su gusto los pliegos con anticipación a la venta».

En un informe oficial, él anota:

«Las modificaciones resaltadas en el archivo del vendedor ruso el 7 de febrero fueron las que finalmente quedaron en el pliego de condiciones. Eso constituyó manipulación de información privilegiada que les dio todas las ventajas». Pero, a la hora de la verdad, ¿sobre quién? ¿Sobre La Fina, la margarina, la preferida en la mesa y la cocina?».

En una resolución del 15 de agosto del año 2001, la misma Contraloría vuelve a anotar en torno a esta escena:

«La firma vendedora obtuvo información privilegiada antes de la venta de los pliegos, teniendo acceso a la correspondencia interna del Ministerio de Defensa y plasmando en un archivo de sus computadoras las modificaciones efectuadas.

»La misma firma vendedora diseñó las modificaciones que iban a ser incluidas en el proceso de contratación, las transmitió al comité técnico del Ejército y éste las remitió al Ministerio de Defensa».

Pero, por otra parte, el resto del elenco anunciado no apareció nunca en escena porque los actores dijeron que no conocían la letra del coro: ninguno de ellos fabricaba «Toros del Aire» rusos. Según la investigación posterior de la Contraloría, el primero fue Sikorsky Inc, estadounidense (Halcón Negro), que «ante invitación del Ministerio de Defensa Nacional dice que no puede hacer oferta de los helicópteros que buscan».

La Fiscalía General dice en su investigación:

«El proceso de contratación directa y la manera como fue desarrollado implicó un desgaste administrativo, una gestión antieconómica, pues ninguna de las firmas que fueron invitadas estaba en la posibilidad de ofrecer un equipo con las características exigidas».

En el punto 11 de una cronología del negocio, la investigación de la Contraloría señala:

«El 12 de septiembre del año 2000 la Fuerza Aérea Colombiana dice que adquiere los helicópteros MD («Toro del Aire») para transporte militar porque los demás equipos disponibles en el mercado no atendían de manera satisfactoria los requerimientos de la Fuerza».

Lo que no se anota allí es que, según la *Enciclopedia Jane*, en ese momento «El Toro del Aire» apenas era un prototipo; es decir, no se había desarrollado ni vendido al mercado exterior de Rusia. Por tanto, Colombia fue el conejillo de Indias para empezar a usarlo con motores de menor potencia que los del MI, y desde luego un techo que no le permitía siquiera lograr la altura del cerro de Monserrate.

El contralor delegado para la defensa se pregunta: «¿Por qué no trataron de comprar el helicóptero que estaba probado con éxito en nuestro medio?». Y él mismo responde:

«Porque buscaron una máquina con la cabeza de un tornillo pintada de verde y asientos forrados con peluche, para que solamente los rusos pudieran suministrarla, cuando el helicóptero tradicional que se ha utilizado en todo el mundo es el MI-17».

—¿Y aquí no hubo alguien que técnicamente dijera, necesitamos uno mejor?

—Se lo planteamos a la Fuerza Aérea y un general nos dijo: «Aquí vino el embajador de Rusia a decirnos que el MI-17 no era óptimo para Colombia».

«¿Por qué el embajador de Rusia interviene en las decisiones operativas y tácticas de la Fuerza Aérea Colombiana?», dice finalmente.

Sin embargo, dos meses después, el embajador —que deambula por el Ministerio de Defensa «como Pedro por su casa», según los investigadores de la Contraloría que participaron en este caso— abrió la boca para pronunciar una serie de nombres, una jerigonza que los militares duraron varias horas para asimilar:

«El 14 de noviembre del 2000 la embajada rusa le informa al Ministerio de Defensa la fusión de las empresas Roosvorouzhenie y Promexport en una nueva denominada Rosoboronexport que presenta la misma oferta que habían hecho bajo el primer nombre».

El contralor citado explica, luego de haber conjurado aquella ráfaga de voces, que detrás de todo «había un escándalo internacional del que no debieron enterarse los servicios de inteligencia militar de nuestro ministerio especializado en inteligencia militar»:

«La firma Roosvorouzhenie que representaba a Rusia apareció envuelta con Fujimori y con Montesinos y con unos escándalos de corrupción en la India y en Zimbabwe y en Sri Lanka. En los medios militares y además en los aeronáuticos del continente, empezaron a sonar como pólvora las informaciones: que Roosvorouzhenie estafó al Estado en el Perú; que en documentos revelados en Lima aparece asociada con Montesinos; que varias cuentas bancarias de esa firma abiertas en Europa Occidental habían sido utilizadas para lavar los dineros que manejaba Montesinos. Eran tantos los informes de corrupción que el gobierno ruso se apresuró a cambiarle el nombre a la empresa porque, además de todo, la prensa internacional hizo públicas muchas muertes y ajustes de cuentas en Rusia en torno a estos casos. No obstante, la inteligencia militar del ministerio especializado en inteligencia, o nunca supo nada de este escándalo mundial, o si lo supo tampoco dijo una sola palabra de lo que se sabía y de lo que decían en voz alta en el resto del continente.

»La fórmula de los rusos fue fusionar rápidamente la firma de los escándalos en Perú, Zimbabwe, la India y Sri Lanka, con otra empresa llamada Promexport, y con las dos crearon una tercera a la que le pusieron el sencillo nombre de Rosoboronexport. Pero en los papeles del truco todo quedó mal hecho, fue una cosa burda que llevó a los del Ejército a negociar con una empresa que no tenía representación legalizada en el país.

»Es que cuando los rusos adquirieron los pliegos, su empresa tenía un nombre y cuando participaron en el negocio lo hicieron con otro. Y eso se lo advirtió en su momento la Contraloría, y el Ministerio de Defensa respondió: "Son formalismos, son formalismos". Y siguieron adelante».

En ese momento los estrategas establecieron que se comprarían seis helicópteros pero no podían valer menos de seis millones cien mil dólares cada uno. Quien los ofreciera por menos dinero quedaba fuera del negocio. Es decir, «no le compro si usted trata de venderme más barato».

Cronología:
Punto 34. «Por averiguaciones de la Contraloría se encontraron en Ucrania precios de venta de los MI-17 (de mayor capacidad que «El Toro del Aire») por tres millones de dólares y helicópteros reparados, cero kilómetros, a 1,6 millones de dólares».

Kiev ofrecía el MI-17 a precio de huevo porque tiene un parque muy grande y no saben qué hacer con él. Ucrania cuidaba del mar Negro, era quien controlaba armamento nuclear de la Unión Soviética. Rusia concentró en Ucrania el parque aeronáutico.

Según otros documentos de la Contraloría General, «Se presentó como punto de comparación el costo de un helicóptero MI-17 año 2001, versión civil, que de acuerdo con declaraciones de la firma mexicana que suministra esos equipos, tiene un costo de 3.5 millones de dólares (folio 113, cuaderno 3).

»Los ucranianos los vendían en tres millones, los mexicanos en 3,5. Reparados cero kilómetros costaban 1,6 millones». Colombia los quería en 6,2 millones de dólares: había decidido con firmeza castrense no pagar por ellos ni un centavo menos.

La Contraloría pidió oferta en México, pero sus investigadores comprobaron que de Moscú se le advirtió a su agente en aquel país que si intervenía en el negocio de Colombia le quitarían la representación.

A esta altura de la historia, el contralor delegado dice:

«Aquí vino el embajador ruso a decirnos que no jodiéramos tanto. Luego apareció en estas oficinas el gerente de la firma representante en Colombia a invitarme a Rusia con pasajes y viáticos para que conociera la fábrica. El tipo me decía:

»"Sabemos que usted no se va a dejar sobornar. Claro. Pero usted vive en un apartamento muy modesto en tal parte de la ciudad, en tal dirección..."».

Cronología:

Punto 17. «El 20 de diciembre del año 2002 los ucranianos elevan una queja ante la Presidencia de la República por presunta corrupción en el proceso de contratación y la Presidencia la traslada a la Fiscalía, pues según los denunciantes, «las especificaciones técnicas fueron diseñadas de manera tal que solo pudieran ser cumplidas por la firma rusa, cerrándole el paso a cualquier otra.

»Así mismo, considera que colocar un valor mínimo de oferta limita las posibles propuestas, más aún cuando el valor de los helicópteros es mucho menor que lo propuesto por el comprador. Finalmente el denunciante plantea que los helicópteros que estaba negociando el Ministerio de Defensa con los rusos por seis millones de dólares, no superaban el valor de cuatro millones cada uno.

»Ucrania es el único país que les puede hacer competencia comercial a los rusos en el mercado internacional de helicópteros porque utiliza la misma tecnología y fabrica la misma máquina. Entonces cuando el comprador pone seis millones de dólares como cota, está estableciendo unos rangos muy sospechosos porque en el mercado libre se conseguían en el momento máquinas iguales mucho más baratas. Con esos 36 millones, Colombia habría podido comprar nueve helicópteros de mayor capacidad que aquellos que se estaban negociando».

Según documentos de la investigación, la Contraloría, la Procuraduría y la Fiscalía recibieron análisis que comprobaban cómo «la competencia de los rusos ofrecía máquinas a cuatro millones de dólares cada una, versión militar, iguales a las que ya tenía la aviación del Ejército, probadas en el país, con un techo de operación más alto y una capacidad para transportar no 20 sino 30 soldados».

A pesar de tantas jugadas, el 4 de diciembre del año 2000, el Ministerio de Defensa decidió declarar desierto el proceso de negociación».

—¿Por qué?

—Porque esa es la costumbre para poder acomodar cargas en el camino —dice el contralor delegado para la defensa.

Hasta ese momento habían transcurrido tres meses desde cuando los rusos recibieron los pliegos de condiciones. Luego se abrió un nuevo proceso de compra y a los seis meses se firmó el contrato.

Punto 21. «Dentro de los plazos establecidos para la contratación solo se recibió oferta de los rusos. Ellos fueron los únicos que se presentaron y concursaron y firmaron el contrato, pero no compraron los pliegos como lo ordena la ley. Violación grave.

»Por ese motivo, el 31 de mayo del 2001, la Contraloría destacó que Rosoboronexport, la firma rusa, no era apta para contratar, pues ni fue invitada a la licitación ni compró los pliegos respectivos (folios 105-109, cuaderno 1)».

Pero el mismo día el Ministerio de Defensa, enfrascado en una negociación ultrasecreta, organizó una audiencia pública con cámaras de televisión a bordo, micrófonos transmitiendo el certamen jugada a jugada y periodistas tomando nota a medida que un oficial informaba públicamente las especificaciones técnicas de unos equipos contratados bajo la modalidad de «bienes para la defensa y la seguridad nacional».

—Fuera de Colombia, nadie en el mundo podrá entender un espectáculo a costa de un proceso de contratación directa que buscaba justamente hacer secreta la adquisición de bienes para un Ejército y así poder garantizar la defensa y la seguridad del Estado. Aquello fue un verdadero *reality show*, según decían, «para garantizar la transparencia del proceso». La transparencia era destacar que solo había una empresa que

reunía los requisitos tácticos y económicos en favor del país
—dice ahora el contralor delegado.

Finalmente, el 12 de junio del año 2001 le fue adjudicada
la contratación a los rusos (Empresa Estatal Federal Unitaria
Rosoboronexport). Valor: 36 millones 100 mil dólares por seis
helicópteros. Pero en vista de la urgencia que supone una
guerra, el Ministerio de Defensa modificó el contrato más tarde, ampliando en nueve meses la fecha de entrega de los helicópteros.

Menos de un mes después, el 9 de julio, el Ministerio de
Relaciones Exteriores le envió directamente a la Contraloría
General de la República una serie de documentos remitidos
por la embajada de Colombia en Moscú, que señalan todo un
tinglado de irregularidades en torno a una compra anterior
de helicópteros en 1996, cuando el Ministerio de Defensa ad-
quirió los MI-17. Los documentos están archivados en los folios 11 a 32 del cuaderno 2 de la investigación.

De allí se desprende que en aquel año Colombia le compró a Rusia ocho helicópteros MI-17 para el Ejército, pero la
negociación fue tan generosa por parte de los estrategas colombianos, que los rusos creyeron justo regalarles un «encime» de dos helicópteros.

Según aquellos documentos y según dos investigadores
de la Contraloría que no desean saber nada de publicidad
personal, los rusos encimaron dos MI-17 porque el Ministerio de Defensa les entregó una parte importante del pago en
efectivo. Allí había unas condiciones de crédito específicas,
pero los rusos dijeron «si ustedes nos aumentan la cifra en
efectivo y acortan el plazo de pago, nosotros les regalamos
dos máquinas». La pregunta es: ¿qué manejos hubo allí? Porque hasta ese momento no se sabía de un solo contratista en el
mundo que llegara a regalar el 25 por ciento del producto.

Luego de una serie de rodeos, los contralores que han estudiado los documentos y confrontado algunos hechos concretos, se fueron bajando de las ramas:

«Los términos iniciales del negocio —explican ahora— decían que el Estado colombiano pagaba el 15 por ciento del valor de los helicópteros en efectivo y el resto en títulos valores del Estado colombiano a siete años.

»Los pagarés teóricamente tendrían el soporte del Uneximbank, un banco de papel de la Iglesia ortodoxa rusa que iba a financiarlos a siete años, pero alguien en Moscú y alguien en Bogotá resolvieron hacer un viraje en la negociación y los pagarés fueron cambiados por dólares en el mercado extrabancario de México y el Caribe.

»¡Ojo!

»Eso permitió que los vendedores recibieran en Rusia y por adelantado otro 25 por ciento en metálico, cuando lo que se había trazado era una proyección a siete años.

»El cambio en las reglas del juego también fue tan beneficioso para el vendedor, que los rusos resolvieron darle al Ejército —como dicen los tenderos de pueblo en Colombia— aquella ñapa, vendaje o encime, de dos helicópteros más.

»Conclusión: si el Estado colombiano hubiera hecho una operación bursátil en el mismo sentido pero en forma legítima, Colombia habría podido negociar 20 helicópteros en lugar de la ñapa».

Según la *Enciclopedia Jane*, en el año 96 un helicóptero MI-17 ruso como los de esta historia costaba tres millones de dólares, pero —de acuerdo con documentos Conpes— los escogidos por los estrategas nacionales fueron pagados a cinco millones 250 mil dólares la unidad... Sin ñapa.

Los documentos en mención revelan que las máquinas habían sido pedidas con blindaje, pero luego el Ejército realizó nuevas licitaciones para blindarlos y dotarlos de armamento.

De regreso a la primera historia, la de «Los Toros del Aire» en el año 2002, parte del desenlace es que el Ejército pagó por cada uno 6,2 millones de dólares, operación en la cual el sobrecosto tuvo más altura que la capacidad de las naves.

Finalmente llegaron los primeros «Toros del Aire» a Colombia, pero como es de esperar en cualquier comedia que se respete, el factor sorpresa irrumpe en el último acto: «Los Toros» llegaron con motores más pequeños de los pagados y solo podían ascender a 3.000 metros sobre el nivel del mar.

La Fiscalía General de la Nación comprobó que los rusos habían incumplido el contrato y por tanto debían entregar naves que ascendieran hasta 6.000 metros, Macizo Central Colombiano, volcán Galeras, Patascoy, Sierra Nevada del Cocuy, Nevado del Ruiz, «guaridas de los hijueputas bandoleros».

Finalmente y ante la presión de la Contraloría y la Fiscalía, los rusos se vieron obligados a devolver las máquinas, les colocaron los motores contratados y pagados, y finalmente los entregaron después de abril del año 2002.

En ese momento habían pasado tres años y tres meses desde cuando «una mañana de enero de 1999, dijimos "carajo, ya, pero ya, hay que reforzar la flota de helicópteros del Ejército. La guerra no da espera. Los helicópteros son de urgencia suma"».

Pero mientras los del Ejército coronaban la compra de «Los Toros del Aire», el cruce de la vaca negra le falló a la Fuerza Aérea en otro negocio. En ese momento la FAC estaba a punto de comprar veinticuatro aviones de combate brasileños llamados Súper Tucanos, pero el ministro de Hacienda Juan Manuel Santos, que era el hombre del dinero, se opuso, «porque sospeché que detrás del negocio había intenciones torcidas».

Decisión firme, no porque la información le hubiera llegado a través de lo que en Colombia llaman servicios de *inteligencia*, factor suficiente para dudar de ella, sino porque se lo dijeron los estadounidenses, conocedores de la prestidigitación local en estos casos:

«Detuve el proceso —dijo—, entre otros motivos por las informaciones que llegaron hasta mi despacho en el sentido de que ya se había determinado la compra de esos aviones sin que se hubiera abierto la licitación correspondiente».

Luego señaló: «Aquello fue confirmado medio año después por revistas especializadas como *Fly International*, en septiembre del 2002».

La verdad es que todo parecía haberse hecho tal como lo mandan los cánones de la magia negra: a pesar de ser un secreto de Estado, los hechiceros de la FAC reunidos en aquelarre en torno a un Comité Técnico encabezado por mi general, repitieron el número de la audiencia pública con representantes de Rytheon de Estados Unidos que produce el avión AT-6, de Pilatos de Suiza con el PC-9, de Korean Aerospace con el KT-1 y de Embraer de Brasil y su nave de combate táctico ALX Súper Tucano.

Pero aunque eso es cierto, también lo es que, de acuerdo con los cánones de la magia castrense nacional, las especificaciones establecidas previamente en unos pliegos señalaban que se trataba de comprar animales de piel negra, un par de cachos y amantes de los toros.

El 25 de noviembre del año 2002, un oficial de la Fuerza Aérea que pidió mantener su nombre en reserva, le dijo a la revista *Cambio*:

«Todo el mundo en la FAC sabía desde hacía varios meses que iban a comprar los Súper Tucanos brasileños, pues ese es el único avión que cumple con las especificaciones planteadas por el Comité Técnico».

En este caso se trataba de coronar un negocio, ya no de 36 millones de dólares como en la comedia «Los Toros del Aire», sino de 234 millones de dólares en un país llevado al hambre y la miseria.

Sin embargo, para tratar de conjurar la oposición porque el cruce de la vaca negra estaba quedando al descubierto, mi general se olvidó de lo principal que eran «los hijueputas bandoleros» y montó un discurso patriótico que en aquel momento nada tenía que ver con el conflicto:

«El país reclamará de su Fuerza Aérea la capacidad de confrontar con éxito una amenaza externa, ya que los países vecinos cuentan con naves de alto rendimiento».

Pero la verdad es que quien realmente conoce la crueldad de la guerra es la gente de nuestras ciudades y nuestras montañas. Ellos son quienes ponen los muertos y el sufrimiento. Más allá están los magos. El gran negocio. El primero en salir a escena fue entonces James T. Hill, un general del Comando Sur de Miami que luego del ondazo al ministro Santos con el fin de dañarle a mi general el cruce de la vaca negra, le envió más tarde una carta manifestándole «su preocupación» porque la Fuerza Aérea Colombiana estuviera intentando comprar aviones brasileños. Para presionarlo, la carta fue filtrada a los medios de prensa antes de que llegara al despacho de mi general.

¿Un militar estadounidense preocupado por la suerte de Colombia? Mirando los intereses de su país, Hill buscaba realmente que el dinero fuera invertido en una industria estadounidense determinada:

«Yo recomiendo gastar este dinero en necesidades más apremiantes, como modernizar su flota C-130» (Hércules).

Según el comandante de la FAC, el mejoramiento solo les extendería la vida útil cinco años.

Sobra decir que los Hércules son producidos por la Lockheed Martin, cuya casa matriz se halla en Texas, principal feudo político y económico del presidente de los Estados Unidos.

Por si su preocupación no despertaba una respuesta positiva, Hill terminaba la carta apretándole el cuello con una amenaza al gobierno colombiano:

«El Congreso de los Estados Unidos no verá probablemente con buenos ojos la compra (a los brasileños), que podría tener un impacto negativo en su apoyo para ayudas adicionales»

El Tiempo, 17 de noviembre del 2002: «Pese a esto, la ministra de Defensa Martha Lucía Ramírez dice que "no hay presión"».

Otra voz: luego de dos semanas de silencio, se anunció la visita a Colombia del general John Jumper, comandante de la Fuerza Aérea de los Estados Unidos, quien según *Cromos* (22 de noviembre del 2002), una vez desechado el negocio con los brasileños, en lugar de gastarse el dinero en repotenciar los Hércules texanos, el presidente Uribe Vélez debía dar una orden para comprar aviones AT-6 Texan II, aeronave fabricada por Rytheon Aircraft en Kansas.

Para incrementar las finanzas de las Fuerzas Armadas, el 20 de diciembre del 2002, el gobierno de Uribe Vélez mediante presión, logró que el Congreso aprobara una cascada de impuestos sin precedentes que incluyó al pan y a la papa.

El Tiempo informó el domingo 22 que, además, «el triunfo del gobierno fue también ponerles impuestos a la salud, a la educación y a alimentos como panela, plátanos, tomates, hortalizas, maíz, arroz, chocolate, servicios de agua y luz, arrendamiento, vivienda y en general a toda la canasta familiar».

No obstante, el IVA a la cerveza solo subió tres puntos, el más bajo de todos, y se mantuvo por debajo de productos como los aceites comestibles, los pañales, y en una tercera parte del aumento a la gasolina, que había subido doce veces solamente en el último año.

Las dos grandes empresas cerveceras del país fueron contribuyentes generosos a la campaña presidencial de Uribe.

«Para lograr la aprobación de estos impuestos —señaló el diario— el gobierno debió soportar la oposición de un grupo del Congreso. Sin embargo, en una reunión con los ponentes del proyecto amenazó con decretar una emergencia económica. Esa misma noche, en una jornada contra el reloj, el legislativo aprobó los impuestos».

Dos meses antes Uribe había disparado una amenaza según la cual revocaría el mandato del Congreso si éste no accedía a sus imposiciones.

Según un estudio del Fondo Monetario Internacional, en ese momento en Colombia había once millones de personas por debajo del límite de la indigencia.

Superávit fiscal

Para ponerse a tono con lo que sucedía en la capital del país, el año 2002 los paramilitares de Casanare dijeron «apretémosle el cinturón a la gente» —ellos, el otro Estado— y decretaron un ajuste fiscal que les vendieron a quienes manejan las regalías petroleras y a los ganaderos y a los narcos que cruzan por allí, como un impuesto de guerra para financiar la campaña de Cuatrocientos y El Costeño en el frente de Tame, tierra de guerrilleros comunistas.

Cuando el impuesto subió en los hatos ganaderos de cuatro a ocho mil pesos por cada res, la gente dijo «Es mucha plata», pero Los Mellizos, jefes de la zona, les notificaron que si no se sacrificaban, el Bloque no podría mantener el superávit fiscal que exige la guerra. Además, Carlos Castaño había ordenado reajustes en la franquicia que deben pagarle por la concesión para explotar el norte del departamento.

Casanare como teatro de guerra son tres regiones: hacia el norte del río Cravo la llanura está controlada por los concesionarios de Castaño. En el sur se mueve la gente de Martín

Llanos, Jesucristo y HK, y relegados al contrafuerte de los Andes que mueren en aquella planicie, los guerrilleros de las FARC y el ELN. Sin embargo, hoy Casanare es tierra controlada por paramilitares.

—¿Cómo es la cosa? —pregunta usted y la gente responde con cifras:

—¡Coño! Pues de los 44 mil kilómetros, los paras del norte cubren en el Llano un poco más de 17 mil, los del sur póngale otro tanto y los jodíos de la guerrilla que se encaminaron pa'l piedemonte, unos diez mil. Los del norte se llevan una parte de las regalías del petróleo, pero también se financian cobrando impuestos sobre la tierra, sobre los ganados, sobre los cultivos de arroz, sobre los de palma africana. Antes cobraban cuatro mil pesos por cabeza de ganado, ahora son ocho; por hectárea de tierra que uno tenga, antes le sacaban cuatro mil, ahora ocho mil, la reforma tributaria de Los Mellizos; y 20 mil por hectárea de arroz. No sé a cuánto le subirían a éste ni al de palma africana.

Como en cualquier zona en guerra de nuestro país, el relato debe convertirse en testimonial de voces huérfanas, voces sin rostros remplazadas por imágenes y escenas. En eso confían los agonistas de cada episodio antes de contar.

—Usted sabe. Aquí lo único barato es morir.

Testimonial de muchas voces. Como en Arauca, voces de fantasmas que aparecen y desaparecen pronto, buscando que no los vean hablando con alguien que luego escribirá todo cuanto ellos quisieran decir en público.

Yopal. Capital de Casanare. Aguazul. Tauramena. Ciudades del Llano sobre los últimos riscos de las montañas, epicentro de los yacimientos más grandes de petróleo en Colombia.

«Los paramilitares cobran impuestos que no son impuestos sino vacunas. Pero las vacunas son chantaje. Los paramilitares también hacen retenes en algunos caminos. Cada camión que salga con ganado encuentra uno en San Luis de Palenque y otro en Paz de Ariporo. Los dos son sitios obligados para sacar el ganado a Bogotá. Todo camión que cruce tiene que pagar por cada cabeza y ellos le dan un recibo. Gente honrada. Las FARC no bajan hasta allá. Ellos están en la montaña. El cobro lo hacen sus enemigos en el plan. Quien paga no va a mostrar el recibo, ni va a confesar que lo obligaron a pagar, pero como todo el mundo paga, pues aquí todo el mundo lo sabe. Nadie puede mover una cabeza de ganado sin darles plata.

»Pero eso no se queda de ese tamaño porque si les paga a los del norte, los del sur le vuelven a cobrar. En el sur esos bichos también han puesto retenes. Como a ellos no les valen los recibos de los paras de arriba, uno debe pagar dos veces. "De malas", dicen los jodíos. Pero también, si uno cruza por dos retenes de los mismos del norte, en ambos tiene que pagar. "De malas"».

«Los del sur también extorsionan al ganadero, pero allá los de Martín Llanos son más humanos. Ellos no le exigen a uno dinero, ni por cabeza de ganado, ni por hectárea de tierra. Hacen un censo y uno les da en forma voluntaria lo que ellos digan. Ellos llegan, preguntan cuántas hectáreas tiene usted, cuántas cabezas, cuánto vale su casa, si tiene cultivos, si tiene carros, con qué maquinaria trabaja, si es más rico. Le fijan una suma y le dan plazos si no puede pagar en ese momento. Y asesinan o destierran a los que no paguen. Al viejo Osiris Frías y a Aurelio Vega, a uno que llamaban Tío Conejo, a ese lo mataron; a Narciso Puerto, a Casimiro Velandia, les llegaron en camiones y se les llevaron hasta lo último que tenían, que eran los muebles de la casa, por no haber pagado o por no haber cumplido con el impuesto que les fijaron. Aurelio y Casimiro y los demás tuvieron que irse. Los sonsacaron de su tierra. Los del sur se financian también con las regalías del petróleo gracias a los contratos de obras, y dejan un poco más libre a la gente. Le cobran al dueño de hato ganadero o de finca que sea adinerado».

«La zona del sur no ha sido ajena a la guerra en la parte plana, porque cuando llegaron los primeros guerrilleros esa gente se armó para defenderse y luego pasaron al ataque. Pero ellos no sufren esa presión de tener que pagar tanto por hectárea, tanto por cabeza de ganado como es la ley de los guates que llegaron de Antioquia y de la Costa. Hay que ser sinceros: a la hora de la verdad, en esos lugares se sienten protegidos por ellos y tienen cierta inclinación a defenderlos. Entre dos epidemias, uno le pone el pellejo a la menos carrasposa».

En un país con el dinamismo de Colombia, en solo dos décadas pueden ocurrir mil cataclismos. Casanare fue una eterna durmiente hasta los años ochenta, cuando tronó el petróleo. A los diez años nació otra Constitución y en Bogotá dijeron que dejaba de ser territorio de abandono. Una noche se acostaron marcados como intendencia y despertaron con aureola de departamento. Departamento de olvido, pero petrolero. Y camino de narcotraficantes. Departamento botín. Por ahí puede comenzar la historia de su tercera guerra.

Convertirse en departamento significaba estructurar por arte de magia una organización político administrativa institucional como tal, cosa muy difícil de lograr con una clase política muy joven que apenas se asomaba a las nuevas costumbres a través de la elección popular de alcaldes y por tanto no encontraban los instrumentos para comenzar. Sabían que representaban una clara insurgencia contra el gamonalismo tradicional boyacense, pero eso tampoco les ayudaba. Estaban solos.

Los primeros gobiernos locales elegidos en forma popular contaban con poca experiencia institucional, con muy poca organización social departamental y sin embargo, empezaron a recibir los primeros miles de millones de pesos de unas regalías petroleras, y se convirtieron en actores centrales, importantes dentro del juego del poder político regional y nacional.

Comenzó a brillar el dinero, pero los casanareños y los araucanos, criticados ahora por su despilfarro, por su desorden, por su corrupción, no han actuado solos desde entonces. Son pasos de una cadena perversa que comienza en la cabeza del Estado: los contratistas de grandes obras, quienes deciden políticas, las entidades de control, fiscalías, contralorías, procuradurías parecen mecanismos adaptados para extraer recursos regionales. En geografías precarias como ésta, en la cual no hay una sociedad departamental, donde no hay fortalezas gremiales, donde no hay masas críticas que ayuden a mantener un liderazgo, el andamio cede y se desbarata.

Al comienzo de los años ochenta el presidente de la República y su Consejo de Ministros recibieron un informe reservado según el cual la compañía alemana Manesmann, contratista en Arauca, le había entregado diez millones de dólares al ELN para que no torpedeara la construcción del oleoducto Caño Limón-Coveñas, pero la rueda de ministros decidió poner oídos sordos. Para los gobernantes lo importante era que el país diera por terminada la obra. En ese momento diez millones de dólares significaban el nacimiento de una práctica demoledora dentro de la guerra y el resurgimiento del ELN, entonces un movimiento debilitado.

A su vez, los líderes políticos tradicionales empezaron a ser absorbidos por esa dolarización nacional con visos de ne-

gocios mafiosos: a los jóvenes gobernadores les eran impuestos grandes contratos. Ecopetrol presionó el diseño de un Plan
de Desarrollo porque en ese momento sabía que las regalías
por llegar serían importantes.

«No vamos a dejarles un peso si no hacen un Plan de Desarrollo y ese Plan de Desarrollo lo hacemos nosotros», dijeron en Bogotá.

Y se lo hicieron. Pero el Plan no era Plan. Era una lista de
mercado infinita: grandes carreteras, electrificación, instala-
ciones como las de Miami. De allí salieron los grandes contratos.

Historia muy colombiana aquella, porque el Departamento Nacional de Planeación, que era el componente metodoló-
gico y conceptual de aquella lista de mercado, decidió que
Casanare, con la inmensa cantidad de millones que representaban las regalías petroleras, tenía que llegar a niveles de desarrollo parecidos a los de la zona cafetera, que llevaba más de
un siglo organizándose.

«Plantearon un modelo rural y en Bogotá se determinaba
cuánto valía un pequeño acueducto, una escuelita, una carretera. Se hacían los cálculos y luego se tomaba la decisión: ésta
será la Carretera Uno, ésta la Dos, aquélla la Tres. Eran contratos de cinco mil, seis mil, ocho mil millones de pesos»,
dice la voz huérfana de un funcionario de aquella época que
aceptó recordar.

Así empezaron una gran ola de explotación y el enrique-
cimiento de unos y de otros. Y nació también lo que hoy se
llama «la clase contratista de Casanare»: empresarios mez-
clados con la política y aliados con el diablo si era necesario
para seguir extrayendo renta.

En Casanare la Nueva Ola política debía inventarse un
departamento. Dictar desde los reglamentos básicos, deter-

minar el funcionamiento, generar una burocracia que no había, tecnificarla —un reto inmenso— en medio de una descentralización administrativa auspiciada por el gobierno nacional, que les daba autonomía para que actuaran en su soledad.

No obstante, quienes aparecieron por allí fueron todas las entidades de control que se colocaron en el centro, vigilando en qué momento se equivocaban, qué error cometían, por qué no habían puesto una firma, por qué no habían estampado un sello.

«Pedirle eso a un niño de tres años es una injusticia. Porque, además, aquellos mecanismos se utilizaban para controlar en el clima de la descentralización política, pues ya no había una dirección y un control directo del presidente de la República», explica un exministro de Estado.

Allí nació otra práctica perversa a costa de las regalías petroleras: la financiación de campañas políticas. Por ejemplo, en 1995 con recursos del Casanare se financiaron campañas del Cesar a través de contratación, y los casanareños terminaron aliados con gente de la Costa que no se había asomado siquiera al piedemonte, ni había escuchado ni le gustaba tampoco el sonido de un cuatro y un par de capachos.

En archivos de Planeación Nacional se encuentran nombres de los contratistas. Gente ilustre. Amigos y familiares de grandes líderes políticos del país. Contratos gigantescos con firmas nacionales muy prestigiosas. Se supone que eran licitaciones públicas de acuerdo con la ley, pero si el país tiene algo claro es que la clase administrativa y burocrática conoce mejor la forma de violarla que la misma ley. Como a través de toda una vieja historia, aquellos contratos se adjudicaban colocándoles primero una máscara de legalidad.

Y también en los ochenta apareció la guerrilla. Hasta entonces, Casanare había sido una tierra de bajo perfil en cuanto a la violencia. Una violencia apagada. No es posible compararlo con Arauca hoy o con el mismo Ariari en el Meta, porque es una región más pobre que cualquiera de aquéllas. Lo que provocó el petróleo fue atraer la presencia de la guerrilla que tomó posiciones muy pronto con el fin de seguir el ejemplo de la Manesmann, pero mejorando la fórmula y estableciendo nuevos mecanismos para obtener financiación.

En Casanare hay dos momentos petroleros. A mediados de los ochenta la primera detonación tuvo como protagonista a la Elf Aquitaine, una compañía francesa que estuvo al frente de un proyecto de poco volumen, en pozos ubicados en la sabana con muy bajo impacto social y económico, pero con una bonanza importante que permitió terminar obras como la carretera a Sogamoso, la electrificación de una parte del departamento, acueductos, alcantarillados.

Entonces ya se preparaba la British Petroleum Company con certezas claras de lo que buscaba, y en 1992 se declaró la comerciabilidad del Cusiana, el yacimiento más grande del país pero ya no en la sabana sino en el mismo eje de desarrollo del piedemonte, donde están los únicos conglomerados urbanos: Yopal, Aguazul, Tauramena. En Casanare no hay un pozo, ni siquiera un campo. Existe una asociación de campos que conforman un corredor petrolero. La región es una suma muy grande de zonas de explotación permanente.

Tras la Elf Aquitaine, la guerrilla irrumpió en la sabana y alrededor de los municipios haciendo proselitismo, organizando sus cuadros y plantándose frente a las administraciones locales que empezaban a recibir regalías. Plantarse era

comenzar a presionar, a chantajear, a hacer presencia, domi-
nación, convocatoria popular en la cordillera. Desde mediados de los años ochenta hasta mediados de los noventa,
lograron consolidar su aparato de presión sobre toda la sociedad y, desde luego, sobre las entidades de gobierno. Se había
ubicado en el eje petrolero del piedemonte.

Como sucede en Arauca, los gobernadores y los alcaldes
de Casanare no tienen alternativa frente a la presión de los
grupos armados porque el aparato del Estado nacional es frá-
gil y por lo tanto incapaz de acometer o acompañar una política clara de resistencia.

Las palabras de tres alcaldes y algunos funcionarios que
aceptaron entrevistas tienen el tono de una pieza coherente:

«No soy ni guerrillero ni paramilitar, pero es que los sectores armados tienen tanta presencia en la región, que realmente son los que manejan el poder. Entonces citan a todo el
mundo, uno por uno: desde el ganadero más humilde hasta
el político más importante y hasta el gobernador, y les dictan
sus exigencias. ¿Qué haría usted en mi caso? No me diga que
abandonar la región, eso es muy fácil decirlo cuando uno ve
las cosas desde afuera. Aquí nací, yo soy de esta tierra, aquí
están mi familia, mis amigos, mis costumbres. Uno no es nadie en otra parte. O bueno, digamos que me voy. ¿A qué? ¿A
morirme de hambre y de tristeza?».

«Para ser candidato a cargos públicos, usted tiene que
cumplir citas con paramilitares o con guerrilla. Depende de
la zona. Y ellos ponen sus condiciones. No es que tenga que
echarse un fusil al hombro, sino que usted tiene que ponerse
de acuerdo con ellos para no molestarlos. Y también tiene que
comprometerse a darles determinado número de contratos a

los amigos que ellos señalen. Algunos de esos contratistas son sus esclavos, digámoslo así. Otros trabajan directamente para ellos. Los primeros, igualmente, ni son paramilitares ni son guerrilleros. Son profesionales que llegan a la región o que son de la región y para poder trabajar tienen que tener el visto bueno de los paramilitares o de los guerrilleros, o si no no pueden pisar esta tierra».

«Con los dirigentes políticos pasa igual. Si usted quiere ser candidato a cualquier corporación: Concejo, Asamblea, Gobernación, Cámara de Representantes, tiene que hacer una cita. Si no la hace, no puede adelantar campaña. Y la razón es lógica: allá no hay presencia del Estado. Si la hubiera, usted podría decir: «No, yo soy candidato y no les cumplo cita a los bandidos». Pero, por favor: para que a usted le den escolta tiene que mendigarla y se la dan para que pueda moverse únicamente en el casco urbano. Si va a alejarse no le prestan al escolta. A un escolta. Uno solo, mientras los guerrilleros y los paramilitares son muchos. Ante ésa realidad, el candidato, el empresario, el ganadero tiene que ir a cumplir la cita, pero ninguna de esas personas está comprometida con acciones de guerra ni se ha empeñado en prestarles colaboración directa para sus operativos, ni consecución de armas, ni nada por el estilo. Simplemente es una necesidad de convivir porque allá la fuerza manda».

«La guerrilla se fija en que uno no haya pertenecido a grupos de derecha, que no tenga coincidencias de pensamiento con la derecha. Si encuentran que la persona cae en algo de esto inmediatamente le ponen el sello de paramilitar. Y exigen, escúchelo bien: exigen que uno esté dispuesto a darles acceso a las regalías petroleras. Usted ya lo sabe: contratos. Las regalías significan el 99 por ciento del presupuesto de nuestras entidades territoriales, porque los recursos propios son mínimos».

En el Casanare esos recursos deben ser de alrededor de 20 mil millones y tienen que ver con los impuestos que paga la región. Lo demás son regalías. El presupuesto del año 2003 para el departamento puede subir a 500 mil millones de pesos. Y otra cosa que exigen es que las autoridades se opongan a operaciones militares en la zona que ellos ocupan.

«Los paramilitares se fijan en que la persona no haya sido militante de izquierda o que simpatice con la izquierda, que no haya sido sindicalista, que no esté en desacuerdo con el establecimiento en nada, que no haya formado parte de organizaciones que, por ejemplo, hablen de derechos humanos, para ellos eso fue lo que se tiró todo en Colombia, o que no hable de libertades ciudadanas, que no le guste la ecología ni sepa de movimientos verdes, que no se oponga al referendo del gobierno, que no hable bien del presidente de Venezuela. Todo eso lo consideran terrorismo. Después, la condición más importante es que les den un porcentaje del presupuesto. ¿Cómo? Con acceso directo a las regalías. En esas reuniones repiten una y otra vez que ellos son la única ley que deben respetar en estas tierras. Para vivir aquí hay que cumplir esas citas. Mire: si la gente es sincera, pregúntele a cualquiera y le va a decir que en todas estas cosas son la misma vaina los paramilitares que los guerrilleros».

«Yo sé que a usted le gustaría que le dijera cuáles firmas de construcción le han trabajado a la guerrilla. Firmas de Bogotá con apellidos importantes, pero no lo voy a hacer porque me muero. La guerrilla los chantajeó y terminaron pagándole vacunas y terminaron trabajándoles a ellos. Los paramilitares y la guerrilla sostienen que son dueños de la capacidad de servirle al departamento a través de obra pública. Esa es su retahíla. Esa es su carreta. Vaya y dígales que es embuste».

«Lo que hay detrás de todo esto es la gobernabilidad. El gobernador y el alcalde, cualquiera que sea, tienen que establecer un equilibrio de gobernabilidad y eso se llama repartir los dineros de las regalías del petróleo y los dineros del presupuesto en forma equitativa, de lo contrario no sobreviven: aquí la cosa es tanto para la guerrilla, tanto para los paramilitares. Y punto».

Al comienzo de los años noventa empezó a surgir en Casanare la necesidad de algunos sectores económicos de buscar autodefensas para oponerle una fuerza a la guerrilla.

En ese momento el ministro de Defensa Fernando Botero impulsó la creación de grupos de autodefensas armadas con el nombre de Cooperativas de Seguridad, las famosas Convivir que comenzaron en Antioquia. Como en el resto de Colombia, en Casanare se crearon dos: una en el norte y otra en el sur, que recibieron cooperación y apoyo directo de ganaderos y comerciantes agobiados por el chantaje de la guerrilla, pero frente a la iniciativa se dividieron y aquello planteó el comienzo de una pugna por hacerse al poder político.

El sur del departamento tiene una historia de resistencia anterior (Monterrey y Villanueva). En Monterrey se gestó toda la organización paramilitar que existe hoy, cuyos orígenes vienen de la segunda guerra del Llano, conocida como la Violencia de los años cincuenta, época de los Bautista, jefes de una parte de las guerrillas liberales, en una región que siempre ha estado aislada como es esa zona.

A Casanare la describen como una frontera nacional que está muy cerca del centro. Ese es parte de su valor estratégico. Casanare era un sitio hasta el cual no entraba nadie, pero a la vez, se hallaba cruzando una cordillera. Es un bolsón perdido pero cercano, que a su vez genera una situación social de abandono, que a su vez determina la autodefensa.

Regresando un tanto están los años sesenta. Años de influencia de la mafia de las esmeraldas que transitaba a través de un corredor estratégico en el corazón de Colombia, entre Chiquinquirá y el Magdalena Medio y entre Chiquinquirá y el oriente de Boyacá.

En aquella zona comenzó a consolidarse la clase social de los esmeralderos, que luego fue mezclándose con el narcotráfico: Rodríguez Gacha. Su proyecto político fue afianzar el eje desde el río Magdalena hasta los Llanos. Ese corredor existe hoy.

La necesidad de resistencia civil propicia para la autodefensa, mezclándose con la esmeralda y con el narcotráfico, terminó consolidándose en el sur de Casanare, que ahora se fortalecía con el petróleo. La excusa de las autodefensas fue entonces darle plomo a la guerrilla a costa de las regalías.

Antes allí no había nada. A comienzos de la década de los años ochenta se pensaba que un proyecto de enclave agroindustrial de palma africana podría generar una dinámica territorial y la zona llegó a plantearse como un nuevo territorio nacional a través de lo que se denominaba el departamento del Upía. Los del sur empezaron a creer en posibilidades de desarrollo.

Pero todos estos fenómenos estaban sucediendo paralelos en el tiempo: lo de las esmeraldas, lo del narcotráfico, lo del Upía con palma africana y lo del Casanare con petróleo. En esa dinámica económica empezaron a desempeñar un papel importante las autodefensas, pues en la década de los años noventa comenzó una especie de equilibrio territorial entre guerrilla y autodefensas que descubrieron cómo su poder les permitirá apropiarse de una parte de las regalías.

Sin embargo, el ministro Botero tuvo que callarse la boca, se cayó la medida que les permitía vivir a las Cooperativas de Seguridad y lo que se había constituido resultó delincuencial. Pero no desapareció. Sencillamente los jefes hicieron un replanteamiento.

—De todas maneras como eso era jodido —dice un chofer—, la gente del norte sintió algún culillo:

—Oooh, y ahora... ¿quién podrá defendernos?

—¡Yooo!

Apareció Castaño. Los del sur ya tenían una estructura montada con gente de su propia región.

En Casanare es más difícil encontrar chigüiros que paramilitares.

Los paras están en la sabana, en los caminos, en las calles, en los bares. A todos les dicen «comandante», todos mandan, todos tienen mirada clandestina como la de los guerrilleros y todos se visten como los guerrilleros.

En un lugar del sur llamado la Serranía del Melúa, un río, los paras hicieron una pista de coleo, deporte llanero en el que el jinete persigue a un novillo, lo agarra por la cola y luego lo derriba. El trofeo para el ganador es «El Para de Oro», creación de Martín Llanos, idea de Perrosindueño, un llanero que fue miliciano de las FARC pero hace algunos años se pasó a la fila de los paras.

Antes de todo este tropel yo había conocido a Perro como vaquero en un hato: sombrero peloeguama, cotizas, pantalón de manta negro con rayas blancas diminutas, pero una tarde del 2003 lo volví a ver en un pueblo llamado Puerto López. Había cambiado su caballo luna clara —amarillo desteñido—, por una moto. Ahora llevaba un sombrero borsalino, como los de los vaqueros de las películas, y como los de los mafiosos, yines y botas texanas hechas en Chiquinquirá. Dijo que era su día de descanso.

Aquella vez me impresionó su buena memoria. Su facilidad para contar es la de cualquier llanero. Por eso y porque es un magnífico lector de fisonomías, vi muy claro que podía preguntarle sin rodeos por la historia de la llegada de los paras del norte y él comenzó a relatar:

«Antes, en Monterrey, existía un grupo de autodefensas. Unas cien personas armadas cuidaban los hatos ganaderos. No hacían más. Vaqueros con armas cortas y una que otra escopeta».

Y en Yopal formaron otra Convivir con unos ganaderos del norte que no querían que la guerrilla los jodiera. Pero luego cuando el gobierno dijo que se acababan las Convivir hicieron contacto con Carlos Castaño y pasaron de protegerse a atacar. Castaño fue invitado a Hato Corozal en 1995. Él les dijo: «Si a mí me dan tanto por hombre yo les pongo aquí tantos. Esto son negocios».

Ahí empezó el paramilitarismo porque ellos no desmontaron lo que ya habían hecho. En ese momento la guerrilla estaba tomando posiciones en la zona del petróleo. Venían de Arauca y sabían que había regalías y que esas regalías llegaban al presupuesto del departamento y de los pueblos.

Aquí y allá empezaron a reclutar gente y a armarse como cualquier grupo paramilitar. Con la plata del petróleo comenzaron a traer armas de largo alcance. A los de aquí les ayudaron los narcos y los de las esmeraldas... Lo que pesa la palabra del rico.

Los del norte empezaron a recibir la orientación de Castaño y fueron llegando antioqueños y costeños acuerpados, gente mañosa, a darles entrenamiento militar a los llaneros.

Después hubo una bronca entre el sur y el norte por el dominio del territorio, y otra en el interior del grupo del sur.

Uno de los Víctores, Víctor Feliciano, fue asesinado y Martín Llanos se adueñó del grupo.

Al quedarse él solo en la dirección del sur, organizó a su gente y dijo que se iba a apartar de Castaño, porque lo de Castaño era una cuestión entre costeños y antioqueños que no tenía nada que ver con lo que sucedía en Casanare. Eso les sonó a los dueños de los hatos, a los narcos, a los de la esmeralda que ya estaban metidos aquí desde hacía algunos años, y lo armaron muy bien, y el hombre arrebiató a los paras de la zona. A Martín Llanos lo sigue el comandante HK, el hombre más bravo de la organización...

—¿Cómo es ser bravo?

—¡Ju! Lo que los guates de Bogotá llaman sanguinario... Bueno, HK, El Boyaco, que le buscan parecido con Jesucristo: un fulano de buena facha, casi dos metros de alto, ojos azules, mechas largas, catire por el pelo bermejo, con muchas cananas sobre los hombros. Un jipi como Jesucristo, dice alguna gente, y las mujeres lloran por ese tipo, lo buscan para hacerse preñar. A otro le dicen Arturo, que «Ay, sumercé», es un boyacense atravesado y con la cabeza llena de piedras. Ese sí es el verdadero Perrosindueño porque, según las leyendas, fue del ELN y después se vino para acá. Si vamos a mirar, él sí fue el que le dio dedo a todo el mundo. Por eso uno le tiene desconfianza.

—¿Y usted por qué se vino de la guerrilla?

—Huyendo de las injusticias... Bueno. Al darse la independencia del sur empezaron los choques con la gente del norte. Allá había un comandante muy criminal, el tal Chubasco. Un exmilitar. Ese era Lucifer. Es que en 1998, 1999 y el 2000 se escuchaba todos los días por la emisora dando orientaciones, haciéndole exigencias al gobierno, amenazando a la gente. Chubasco pasaba por el pueblo con veinte hombres armados cuidándole las espaldas. Pues en esa disputa entre los del norte y los del sur, los del sur citaron a Chubasco, el bribón fue con sus escoltas en menos tiempo del acordado, y llegados los mandaron pa'l otro mundo. A todos. Buena vaina porque él era el más sanguinario que ha conocido esta tierra, y como que todos agradecieron ese funeral. Es que el hombre los tenía acochinados en Yopal.

—A raíz de ese enfrentamiento se acercaron Castaño y Martín Llanos y llegaron a la solución de ponerle límites a Casanare y repartírselo: del río Cravo Sur hacia el sur lo iba a mandar Martín Llanos con las Autodefensas Campesinas de Casanare, así nos llamamos. Y del Cravo hacia el norte lo manejaba la gente de Castaño, que se llama el Bloque Centauros. Allá estaba Alfonso como comandante. Pero hay otros. Los que más cucurutean desde cuando canta el gallo son Diego, que es de la región; Alfredo, un paisa, Jerónimo, un costeño; Elías; Cuatrocientos... ¿No los vio en Yopal? Por ahí andan, como uno andar por aquí en su moto... Después desapareció Alfonso y ahora hay varios grupos.

—En los últimos cuatro años, los paracos agarraron la zona plana y la guerrilla, la montaña. Lo que separa la llanura de la montaña es la carretera Marginal del Llano que va desde Villavicencio por todo el borde del piedemonte, Barranca de Upía, Villanueva, Monterrey, Tauramena, Aguazul, Yopal, Paz de Ariporo, Pore, Hato Corozal hasta La Cabuya, que es la que busca comunicar a Casanare con Arauca y luego con Venezuela.

—Esa carretera es como el límite. De ahí hacia la loma están esos grancarajos. Allá se mueve un frente de los elenos muy sanguinario, pero son minoría. Por todas esas vainas, la violencia mayor se genera sobre la carretera Marginal: le dicen el Eje de la Muerte porque por necesidad todo el mundo tiene que transitarla y ahí salen los elenos, salen las FARC, sa-

len los paracos de los dos sectores y lo secuestran a usted si
son guerrillos, o le sacan plata o le dan su funeral. La carretera es el eje de la muerte.

Comenzó a atardecer y Perrosindueño dijo que mientras
hablaba recordaba a El Doctor, «porque cuando hay santos
nuevos, los viejos no hacen milagros».

—¿Quién es el personaje?

—El personaje es un guate de Boyacá que tiene mando
porque piensa clarito, más claro que yo que hablo atrave-
sao. En cambio, él se sabe las cuatro operaciones. Es un hombre fino y aletrao y si usted llega conmigo, nada de secretos
confidenciales. Es que yo trabajo con él. Y no es que le esté
haciendo fieros pero él puede contar más historias —insistió,
y propuso que fuéramos a un hato cerca de allí.

El Doctor es un profesional de verdad, abogado o algo
así, pero ante todo emprendedor, un buen negociante a juz-
gar por la casa y por los carros que hay frente a ella. Me impresionó su mentalidad «liberal» frente a lo que había
escuchado en Yopal acerca de los paras del sur, o de quienes
los financian, para ser más preciso.

—No soy de aquí pero en poco tiempo he escuchado y he
aprendido más o menos bien, parte de la historia de las autodefensas de esta parte de Casanare —comenzó diciendo—.
Esos grupos salieron de una organización que se venía ges-
tando desde hace muchos años, digamos que esas son las raíces históricas, por iniciativa de unos líderes, hijos y herederos
de los guerrilleros liberales de los años cincuenta y de los gamonales políticos de los años cuarenta y de los cincuenta.

—Ellos le dieron coherencia a eso y empezaron a tratar de
ejercer control político: «Yo pongo alcalde y no voy a permitir
que él hable con la guerrilla», decían, y tenían razón. Desde

luego la guerrilla reaccionó. Intentó meterse a Monterrey, a Sabana, hicieron ataques por todas partes y las autodefensas a contenerla porque el Ejército no era suficiente.

—Aquí tengo que ser sincero: existe un pecado mortal del Estado. ¿Cuál? Que lo que hoy es legal, hace unos años no se podía siquiera mencionar: que la BP financiaba al Ejército. El Batallón de Arauca es financiado por la Occidental. Claro, con las regalías que le deberían corresponder a Colombia, pero es financiado a través de la Occidental.

—En Casanare hay una Brigada inventada en 1994. La paga la BP. El mismo cuento de Arauca, y su única misión es cuidar la infraestructura petrolera. Por ahí dicen que ahora sí, que van a cuidar a la sociedad, pero su misión es la infraestructura petrolera y en Casanare resentimos mucho esa política de cuidar solamente una infraestructura porque la gente no tiene respaldo en nadie. Por eso las autodefensas empezaron a ser funcionales en esa situación. Eso es, no digo caldo porque «Llanero no toma caldo ni pregunta por camino», sino carne fresca para ellos.

—Entonces se consolidan las autodefensas y el gobernador, que antes tenía que darle manejo a la guerrilla, ahora tiene que darles manejo a las autodefensas. Su gobernabilidad cambia, ¿me entiende?

—Para que la gobernabilidad se dé, tiene que empezar a medirse a través de diferentes escenarios y diferentes actores, de acuerdo con las circunstancias que se vayan produciendo. Entonces un gobernante local empieza a ver a otro actor armado y trata de buscar un equilibrio. El gobernante de cualquier pueblo tiene que volverse equilibrista: una tajada a cada uno. Su poder está soportado en esa realidad en la cual él, de alguna manera, trata de ser la balanza que establece las compensaciones y empieza a inventarse todo tipo de medidas para saber qué se asigna aquí, qué se debe asignar allá, y todas las partes llegan a ser beneficiarias del mismo ponqué: ELN, FARC y autodefensas.

—Eso estaría bien y pudiera tener visos de institucionalidad. Pero como no es así, aceptémoslo, es perversa. Pero como en este país precisamente todo es parainstitucional, tanto la guerrilla como las autodefensas, ellos tienen sus propias dinámicas y el país empieza a cambiar.

—A partir de las reuniones del gobierno de Pastrana con Tirofijo y el Mono Jojoy aceleraron aquí la presencia de las autodefensas ante la evidencia de que el gobierno estaba entregándole otra República Independiente a Tirofijo.

—Aquí están las autodefensas del norte y las del sur, y las dos son aliados estratégicos en su lucha contra la subversión, pero a la vez, como dicen los petroleros, carteles frente a las regalías. Uno con una visión nacional de la autodefensa como es lo de Carlos Castaño, un político más avanzado en su visión, porque juega con realidades nacionales. En cambio aquí, hay que aceptarlo, en eso como en muchas cosas no nos podemos decir mentiras, aquí son más locales y solamente miran lo que les dicen sus propias necesidades. Además, otra verdad que uno debe confesar es que pertenecen a una sociedad emergente que está buscando protagonismo social y reconocimiento social.

—Entonces los de aquí, de alguna manera empezaron a ver en Castaño a un rival. Y las cosas no están bien. Es lo que acabamos de ver con las negociaciones en las que el Bloque Llanos no entró a dialogar con el gobierno del presidente Uribe. Detrás de todo, yo tengo la impresión de que allá arriba hay un juego gamonalístico.

Hoy, por ejemplo, las autodefensas del sur quieren que Carlos Castaño les entregue el dominio territorial del norte y Carlos Castaño dice: «No, todo lo contrario porque estoy jugando a hacer una negociación importante con el gobierno. En eso estamos».

Al terminar el 2002, Casanare —300 mil habitantes— había recibido 1.200 miles de millones de pesos por regalías petroleras, pero en ese momento el recurso comenzaba a empobrecer.

Sin embargo, como ha sucedido a lo largo de nuestra historia, las compañías multinacionales aprovecharon la coyuntura, y el gobierno y el Congreso —servidores endémicos— modificaron rápidamente la Ley de Regalías. Eso en palabras reales significa dar un paso atrás en cuanto a los intereses de su propia nación. Tomada la medida, por arte de magia las petroleras anunciaron expectativas sobre nuevos yacimientos, de las cuales no habían hablado antes.

Aun así, Casanare ve reflejado muchas veces más el desarrollo que impulsa el recurso petrolero, que regiones como Arauca. Aquí el petróleo ha puesto a la gente a competir, a ser eficiente, a capacitarse. No obstante, la víctima de la modernización es el mismo casanareño, porque es el más tradicional, acaso el más atrasado, el más rural. Es decir, el menos preparado.

Aquí el 50 por ciento de las personas censadas como casanareñas no son nacidas en Casanare. La gente que se ha beneficiado de todo esto es la que pudo incorporarse, la que se asoció, la que se hizo partícipe de algún negocio. El casanareño raizal «lleva del bulto» en el desarrollo de su tierra. Situación paradójica porque, por otro lado, sí se ha alfabetizado. Los cubrimientos de Casanare en educación, en salud, en vivienda, en acueducto, en alcantarillado, y en electrificación superan en muchos casos los niveles nacionales.

En agua potable, por ejemplo, está en un 80 por ciento, cuando el país no alcanza al 70. Pero si se analiza esa inversión, ha sido la del Estado. Con robos o con chantaje, la obra queda.

Casanare tiene muy buenas carreteras. Es uno de los departamentos que más kilómetros construyen por año aunque a un costo muy elevado. Más de 1.200 millones de pesos por kilómetro, según la Contraloría General de la República. En el resto del país el costo es de 600 millones.

«Los otros 400 se los llevan los paras y 200 más son para la corrupción de los mandatarios. Porque los gobernadores, diputados, alcaldes, concejales pactan una cuota para los violentos, pero también una cuota para ellos, igual que en todo lado. La verdad es que allí, a los contratistas, si no los persiguen los paras o los persigue la guerrilla, los persigue el funcionario. Otro hatajo de bandidos», dice un investigador de esa institución, y agrega:

«La otra cara es que aquí no se ha dejado de hacer ninguna obra de las que se contratan con el funcionario público de turno que usa la maquinaria oficial, con paras o con guerrilla».

Para quienes ven más allá de las balas, el reto de la región es hacer sostenible el mantenimiento de la infraestructura construida, una vez que decrezcan las regalías. La gente que compara a Casanare con Arauca sabe que allí solo la red vial parece insostenible a largo plazo porque no hay impuestos, ni economías, ni reinversión social, ni cambios y cree que aquí, guardadas proporciones, puede suceder lo mismo.

En Casanare han armado un disneylandia y la paradoja de la gente es la misma:

«Estoy gozando como nunca porque ahora llego al hato por una carretera pavimentada, tengo electrificación, tengo acueducto de vereda, pero no puedo estar. Pero mis hijos no pueden educarse aquí porque me los amenazan, porque yo estoy boleteado».

Su facha es la de Perrosindueño. Su percepción también: «El petróleo es una porquería, me trajo angustia».

Para El Doctor, su patrón, «El petróleo no es una porquería. Es una circunstancia muy importante, nos cambió la vida, nos calzó, nos llegó la luz eléctrica, pero al mismo tiempo los casanareños de verdad se sienten desplazados, porque todas esas cosas no son propias, porque el petróleo no produce cultura, por la sencilla razón de que no pasa por las manos de la gente. No es producto del trabajo regional. ¿De dónde viene el petróleo? De un hueco. Y se va por un tubo.

»Aquí la gran infraestructura la manejan menos de 200 personas directas. Esa es toda la industria petrolera de Casanare. Eso no es industria, es una explotación. La industria está muy lejos de Colombia. El petróleo es un recurso público que llega a través de grandes aparatos estatales en un Estado que no interviene en la economía porque ya no tiene empresas. Desde luego, facilita los medios pero se olvidó de garantizar la seguridad, la tranquilidad, la convivencia. Por eso existen las autodefensas.

»Casanare no es políticamente importante. Solo tiene dos representantes a la Cámara por cuociente electoral y ni siquiera alcanza a un senador. Los senadores son prestados. ¿Qué peso político es ese? No tiene capacidad de negociar sino debe someterse al acuerdo entre la Presidencia de la República y las compañías petroleras que trazan las políticas, no directamente sino exigiéndole al gobierno. Es la manera de garantizar su negocio. Y un gobierno necesitado de divisas... Es que en Casanare están sacando la inmensa mayoría del petróleo nacional. Es que no hay más. De Casanare está saliendo el 90 por ciento. De Arauca un cinco. Es que no hay más».

En Yopal, el norte, retornan las voces en *off*, como se dice ahora en colombiano auténtico. Voces que aquí también comprueban que las mujeres de hoy en Colombia son más directas que muchos hombres. Y generalmente más cerebrales, aunque los viejos casanareños dicen lo contrario.

«Los llaneros son gente sondiadora, como se dice aquí, y maliciosa, pero maliciosa en su propio terreno. Ponga mi nombre, solo el nombre: me llamo Rosa y no estoy, o trato de no estar con el uno ni con el otro. He trabajado aquí durante mucho tiempo porque soy de Arauca, soy araucana, mi familia se vino cuando yo era zagaleta, luego estudié en Bogotá y regresé. Y aquí estoy y aquí me quedo aunque no soy samperista. Para eso no hay que ser samperista», dijo antes de venirse con un zumbaquezumba:

«El sur es mucho más narcotraficante que el norte porque ellos controlan una parte importante de la coca que viene del Guaviare buscando el Magdalena Medio por un camino antiguo que abrió El Mexicano. Esa ruta que baja por Villanueva hasta el río Meta, que se mete por el Manacacías y llega a Mapiripán es la misma de los paramilitares. Allá producen pasta de coca que se regresa por allí mismo a Casanare. Si no se lo han dicho, mala suerte, porque aquí es de dominio público. Aquí todos lo saben y todos lo ven, todo el mundo habla de eso como hablar de caballos. Los insumos bajan de Bogotá, de Bucaramanga, de Sogamoso y ahí la mezclan en laboratorios. Esa zona está llena de laboratorios. Pero la guerra antinarcótica por esos lados consiste solamente en arrancar matas, no en destruir los laboratorios. Los laboratorios están en zonas donde no hay cultivos. Casanare no tiene un solo cultivo, pero sí procesa cocaína a la lata. La procesan ellos.

Los paras se financian allá con cocaína y regalías del petróleo. Aquí en el norte, con regalías y extorsión. Entonces para el casanareño la ventaja entre los paramilitares y la guerrilla la llevan los paras, que son capitalistas. La guerrilla es rentista. ¿Cómo es eso? Pues usted tiene un peso y a mí me da una parte de ese peso. Yo no trabajo.

»En cambio, detrás de los paramilitares hay una economía. Compran tierras, propician negocios, hacen alianzas comerciales, generan empresas de ellos. A mí me parecen una organización mafiosa en la que hay jerarquías, desde luego. Los paras tienen la mentalidad mafiosa del que los creó. Yo se lo digo porque tengo experiencia. Si a un bicho de esos le gusta un hato, le dice al dueño:

»—Le compro la finca.

»—No se la vendo.

»—Vamos a ver si no me la vende.

»Entonces le hacen la vida imposible. Le empiezan a robar el ganado, hasta que lo desesperan y la persona les vende la finca. Pero mire cómo es negociar con ellos: muchas veces dan unas arras y no pagan el segundo contado. Y vaya a cobrarles, usted que es honorable; de manera que si alguien quiere sobrevivir a eso, tiene que aliarse con ellos. Hacer con ellos casi un pacto de sangre. Lo mismo sucede con los del sur.

»Ahí hay una especie de trampa en la cual muchos propietarios de la tierra, muchos comerciantes, muchos ganaderos, son aliados porque les toca, pero hoy están absolutamente resentidos con esa situación, ya que no tienen armas para defenderse. A no ser que se armen, pero esa sería una guerra absurda. Entonces usted tiene que volverse su compadre.

»Los paras son aliados complicados. Desgraciadamente una vez que tocan lo suyo, su hato, su finca, su entorno, tienen que ser aliados para todo: para las fiestas, para la organi-

zación familiar, para casarse. Mire: al casanareño lo están afec-
tando en su estamento, en su condición social porque lo presionan y tiene que alternar con ellos. Pero ese equilibrio cada
vez se está rompiendo más porque la gente honesta, los propietarios tradicionales van a perder esta guerra. Ellos son los
que siempre pierden. Los van a moler porque esa es una forma de modernización, los paramilitares inducen unos procesos de cambio en la producción, en la tecnología, claro,
subvencionado todo por el narcotráfico, y por eso compiten
muy duro con un ganadero tradicional que, miércoles, saca
unas vacas medio peludas, medio feas. En cambio, el señor
de al lado cría unas vacas de primera y las vende a menos
precio. Esa es una competencia en la que el llanero tradicional está mandado a recoger.

»Estas cosas que le estoy diciendo no son ninguna revela-
ción. Qué va. Todo esto es un cuento trasnochado porque los
del sur ya le han entregado información al comisionado del
gobierno en sus reuniones y en sus conversaciones para buscar
un acuerdo. Y si se lo han informado a los enviados del presidente, es apenas lógico que el presidente Uribe ya lo sepa.

»Los paras del sur han dicho aquí que le confesaron al
enviado del presidente Uribe cuántos hombres en armas tenían. Y le entregaron información de cómo eran sus relaciones con los gobiernos locales, de cómo es su relación con el
gobierno departamental. Esas eran parte de las cartas que tenían para negociar con el gobierno nacional.

»Sin embargo, el problema no es que entreguen las armas
sino quién desbarata la red delincuencial que hay allí. Quién
acaba con esa mafia. Porque es que en Casanare todo el mundo sabe que a la gente de bien, a los empresarios, a los ganaderos los llaman por teléfono para chantajearlos. A ellos los
visita una persona que habla en tono muy amable y hace con
ellos una cuenta: "¿Usted cuánto ganado tiene? ¿Cuánta tie-

rra? ¿Qué otros bienes?". Y de acuerdo con esa información le fijan su vacuna, o su impuesto de guerra, como le dicen ellos. ¿Eso cómo van a acabarlo?

»Mire: lo que está sucediendo en Tame es otra realidad muy tenaz. Usted sabe que los paras del norte se están tomando esa región porque Castaño les dio la concesión.

»¿Cómo empezaron allá? Haciendo masacres. Bueno, ellos y los del norte y los de Antioquia han cambiado. Como ahora son fanáticos del Derecho Internacional Humanitario, dejaron de cometer masacres. Ya no asesinan a más de dos personas en el mismo lugar. ¿Sabe por qué? Porque la Defensoría del Pueblo enseña que masacre es matar a más de tres.

»Bueno. Llegando a Tame, mataron a los dos representantes de Arauca en una semana, Octavio Sarmiento y Alfredo Colmenares Chía. Dijeron que eran dos guerrilleros comunistas. Es que los paras asesinan a todo lo que esté en contra del gobierno o en contra del sistema o si usted expresa algo que no les guste a ellos. Lo que hicieron fue llegar matando a unas cabezas políticas y adueñándose de las tierras. A Sarmiento le quitaron dos mil reses, se quedaron con la finca y sacaron a toda la familia corriendo. Y así a muchos dueños de hato ganadero que no querían pagar.

»Cuando no pudieron matar más y robar más tierras porque la cosa era muy visible, lo que hicieron fue empezar a comprar tierras. Dijeron: "A este señor que tiene hato digámosle que nos lo venda y si no lo vende, se lo quitamos". Se lo compraban a precio de huevo. A quienes extorsionan y llegan a algún acuerdo con ellos, los obligan a hacer los papeles a nombre de un testaferro con todas las de la ley. Cuando haya una pacificación, el que fue extorsionado no podrá demostrar que lo atropellaron y va a tratar de recuperar sus bienes por la fuerza. ¿Cómo van a hacer la paz?

»La etapa que venga después del conflicto va a ser más complicada que el conflicto. La gente del Llano es pacífica pero brava. Está acostumbrada a convivir con las armas. Usted fácilmente ve en el Llano a un niño de diez años con un revólver pero sin ningún recato. Es natural, es lo que le permite convivir en un medio físico tan hostil. Fuera de las carreteras, que son nada en estas inmensidades, ir de un lugar a otro exige ser diestros, niñas y niños, para atravesar un río a puro brazo; para ir a la escuela deben caminar dos o tres horas entre el agua de los esteros o por los montes; en verano, bajo un sol que los quema. Pero además hay serpientes, animales de monte. Y mucha de esa gente, miles, han salido por miedo a la extorsión, al secuestro, a la muerte.

»Yo me pregunto: si pactan una paz con los paras, ¿cómo van a solucionar lo que está en el fondo? Lo fácil es decir pactamos, y aquí están estos fusiles, señores, y entréguennos a cambio las tierras de los narcos, y queremos las casas lujosas de los narcos porque vamos a poner escuelas. Sí. Pero los que han estado oprimidos, ¿cómo podrán llegar a decir «yo estoy aburrido con esto, a mi manera de ver la solución debe ser así», si continúa existiendo la mafia, si siguen existiendo los sicarios, si sigue existiendo la presión porque la vida en Casanare no vale un peso? Aquí matan a cualquiera en cualquier momento. Entonces yo no veo cuál es la gracia de esta gran negociación si no va a cambiar nada. Francamente a mí me parece que hoy se está repitiendo lo de Pastrana con las FARC, que consistió en echar al aire un manejo publicitario con un propósito electoral, y después, ¿qué?».

Después del zumbaquezumba, se escuchó un seis por derecho. En Aguazul, otra región petrolera cercana a Yopal, las inquietudes son las mismas y el hilo de la historia va encon-

trando cada vez mayor continuidad, más cadencia. Ahora
habla un hombre de unos treinta y ocho, miembro de esa comunidad pensante que toma distancia con el recuento anec-
dótico.

«Lo de Monterrey... Lo de Monterrey —dice— es un manejo muy claro para los casanareños. Con el fin de demostrar
una posición política y tener capacidad de negociación con el
gobierno, los paras del sur han venido girando de lo militar a
lo político. Es normal. Si bien su aparato era meramente re-
presivo, a partir de la situación compleja de lo que ha venido
proponiendo el gobierno de Uribe, ellos se han precupado
por consolidar estructuras políticas. Entonces se han preocupado por establecer organizaciones gremiales, han venido
generando ligas de ONG —como la guerrilla—, han creado
comités municipales por la paz, con líderes visibles, con personas reconocidas de la sociedad. En Bogotá hay oficinas de
representantes de las autodefensas del sur de Casanare ma-
nejadas por gentes prestantes de la capital, y eso lo saben el
comisionado y el subcomisionado de paz que han venido re-
uniéndose con ellos. Eso no es ningún secreto.

»Como abrebocas para todo ese montaje, los paramilitares organizaron una gran marcha de solidaridad y una concentración popular el 20 de octubre del año pasado (2002), en
Monterrey, porque necesitaban mostrarle al gobierno nacional que eran interlocutores válidos, que tenían respaldo popular, que lideraban un movimiento gobiernista, que votaron
por el presidente Uribe, y para que eso se viera, convocaron a
todo el pueblo de Casanare con citaciones persona por persona, hato por hato, casa por casa, teléfono por teléfono diciendo que era obligatorio asistir. A cada concejal, a cada diputado
le dieron buses y busetas para que cargaran gente. Mataron
120 novillos para darles de comer a los asistentes. Ordenaron
cerrar el comercio y fueron el gobernador, sus secretarios, to-

dos los diputados, todos los concejales de los municipios, los representantes a la Cámara, senadores. Cada minuto los vehículos descargaban más gente. Los paramilitares la acomodaban para que la masa cubriera más. Había allí tanta aglomeración que los pueblos de abajo parecían fantasmas. Quedaron vacíos. En Casanare nunca se había visto una concentración semejante.

»Cuarenta mil personas que, además de busetas, llegaron en lo que fuera: en buses, en camperos, en tractomulas, en tractores, en taxis. Pero uno miraba y lo que encontraba allí era una procesión del silencio. Todo el mundo callado, no hubo grandes manifestaciones aunque sonaba una orquesta y había bailarinas y había espectáculo. Pero todo el mundo ca-llado. Cuando el corral estuvo lleno, fueron llegando los representantes del gobierno nacional, el subcomisionado de paz, el viceministro del Interior, dos asesores del ministro del Interior. Los paramilitares esperaban al presidente Uribe, que a última hora no llegó».

El tema era pedirle que incorporara al batallón de soldados campesinos a paramilitares de Martín Llanos y de Jesucristo y de El Boyaco, que no tenían problemas con la ley. Ellos saben para dónde van.

Y el gobierno también.

El paseo millonario

Se trataba de entregar el gas natural que pertenece a 40 millones de colombianos. Pero entregarlo por la mitad de la mitad de su valor. Para los encargados del timón, desmantelar al país de sus riquezas estratégicas ha sido durante siglos *un buen negocio*.

En 1999, cuando los caudillos del sector público y los del sector privado ya cruzaban por el clímax de esta borrachera que les ha producido la privatización, alguien se acomodó dentro del gobierno y con la autoridad que le daba el rango de ministro, dijo: «¡El gas!».

Privatizar significa entregarles a capitales extranjeros los activos del Estado a precios insultantes. Según Peter Crassweller del Washington Energy Researches, «en América Latina quienes privatizan, regalan, y luego se apropian en forma dolosa de buena parte de lo que sobra».

Tal como lo demostró ante el Congreso Carlos Rodado Noriega, presidente de la Empresa Colombiana de Petróleos, el gran objetivo del doctor Luis Carlos Valenzuela, ministro

de Minas y Energía, era privatizar a Ecopetrol, la empresa
más poderosa y más rentable del país.

«Mi primer debate fuerte con Valenzuela —recuerda el
expresidente de Ecopetrol— «fue cuando me dijo que era necesario privatizar a Ecopetrol y yo no estaba de acuerdo.
¿Cómo iba a estarlo? Como siempre, se trataba de malvender
el patrimonio público. Con ese fin él les ordenó a los ejecutivos de la empresa hacer estudios relacionados con la venta
de la refinería de Barrancabermeja, de la refinería de Cartagena, de todo. Quería venderlo todo. Además, iba a dejar en
manos de una fiducia privada los contratos de asociación de
petróleo. Yo hablé con el presidente de la República, Andrés
Pastrana, y él respondió:

»"Yo jamás dije en mi campaña presidencial que iba a privatizar a Ecopetrol. No sé por qué a Valenzuela se le ha ocurrido esa idea".

»El asunto se hizo público dentro de la empresa y el sindicato lo citó conmigo a un foro en Barrancabermeja, una ciudad petrolera, un sindicato agresivo, para que diera sus
explicaciones, pero el ministro dijo que no iba. Sin embargo
la junta directiva le exigió hacerlo.

»Allá dijo que privatización, cero; que para nada, y con-
cluyó manifestándole al sindicato, en forma amistosa de su
parte, que cómo era la vida, pues los más odiados del país
eran él como neoliberal y los sufridos y dignos trabajadores
del petróleo. "Por eso ustedes y yo fraternizamos en los odios",
terminó anotando. Los trabajadores reían.

»Pensando en la venta de Ecopetrol y tal como lo hacía la
compañía Enron en Texas antes del escándalo mundial, el
ministro Valenzuela tenía como paso inicial el sabio mandamiento de alterar la contabilidad de Ecopetrol, pero al revés,
con el fin de simular que una empresa solvente y poderosa
daba pérdidas. Demostrando eso sobre unos papeles, prime-

ro, justificaba la privatización y, segundo, aquello le permitía vender por mucho menos de lo que realmente valía la empresa».

Pero comenzando por el comienzo, cuando se posesionó como ministro el doctor Valenzuela, a quien en forma irrespetuosa la prensa colombiana llamaba «El Chiquito», había dado el primer paso de la doctrina Enron, la comercializadora más grande de energía del mundo, para *bajar* a la nación de su gas natural, producido en el mar de La Guajira.

El abrebocas del plan parecía bien estructurado. Dicho a la colombiana, consistía en demoler primero lo que había a base de cilindrazos de gas rellenos de explosivos. Luego, montar un paseo millonario para legalizar la sustracción de los bienes del país.

Un paso preliminar contemplaba hacerse al control de la junta directiva de la Empresa Colombiana de Petróleos, objetivo coronado porque quien llega a ser ministro ocupa el cargo de presidente de la junta.

Luego debía venir la demolición. Los primeros cilindros de gas cargados con dinamita y trozos de acero los lanzó el mismo ministro Valenzuela, para privatizar las plantas térmicas de Cartagena y Barranquilla en el Caribe colombiano.

Aquellas plantas, más herrumbre que tecnología, funcionan con un gas barato que les suministra el Estado, buscando beneficiar a millones de pobres. Los cilindrazos posteriores fueron lanzados por el doctor Felipe Riveira, viceministro de Energía y uno de los parceros del líder, y por un banco de inversión, también miembro de la cuadrilla del doctor Valenzuela.

Cuando se trataba de este tipo de negocios y pese a su figura varonil y a sus ademanes viriles, el ministro Luis Carlos Valenzuela prefería enviar a la guerra a la doctora María

Mercedes Prado, viceministra de Hidrocarburos, a la doctora Luisa Fernanda Lafaurie, viceministra de Minas, y al doctor Felipe Riveira, viceministro de Energía, quienes habían trabajado con él, también como parceros, en Corfivalle y otras entidades.

El doctor Riveira y el banquero de inversión presionaban porque ese gas, en volumen de 200 millones de pies cúbicos por día, se le vendiera al «futuro» comprador de las plantas al precio subsidiado, que históricamente ha sido del 40 por ciento.

Según el profesor Jesús Bejarano, el juego de algunos banqueros de inversión es enriquecerse pronto a costa del saqueo de los países, avaluando los bienes de la nación muy por debajo de su valor y continuar minando el patrimonio de millones de personas en etapas subsiguientes. Aquellas plantas trabajaban poco y según el control de Ecopetrol, de los 200 millones de pies cúbicos, utilizaban un promedio de 70. Había un excedente de 130 millones cada día. ¿Qué pretendían hacer con ellos?

Pronto se filtró que realmente el «posible» comprador era Enron, aquella compañía que dos años después se derrumbara tras la quiebra más grande de una empresa en la historia de los Estados Unidos. El marco fue también uno de los escándalos más grandes de corrupción en el mundo, opacado por el ataque de los talibanes el 11 de septiembre, con quienes, según la prensa estadounidense, la Enron y la Casa Blanca tuvieron fuertes relaciones en torno a los yacimientos de gas de Turkmenistán, hasta el momento en que el primer avión chocó contra las Torres Gemelas.

De acuerdo con publicaciones en medios como CNN y The Associated Press, una vez que se vislumbró la bancarrota futura, con la participación directa de la Casa Blanca y de altos funcionarios del gobierno estadounidense, esta empresa recibió ayuda de algunos de los principales bancos y corredores bursátiles del mundo para crear una engañosa estructura financiera, generar enormes ganancias con la especulación, destruir documentos y, por último, llevar a la empresa a la quiebra, no sin antes permitir que los altos ejecutivos vendieran sus acciones al alto precio a que habían llegado —como resultado de manipulaciones fraudulentas—, ganando mil millones de dólares.

En forma paralela, se les entregaba información falsa a los empleados, con lo cual se logró que 4.000 de ellos invirtieran en acciones el dinero para su vejez, ahorrado en un fondo de jubilaciones.

Según lo ha revelado la prensa estadounidense, gracias al tráfico de influencias y las prácticas ilícitas, los directivos de Enron contribuían con dinero a las campañas políticas, pero luego sus empleados pasaban a servir como asesores del gobierno. Su misión: proponer políticas comerciales y energéticas que favorecieran a la empresa, o para diseñarlas como funcionarios públicos. Así mismo, utilizaban su influencia para hacer destituir o nombrar a los reguladores que debían vigilarlos.

Es público que el vicepresidente de Estados Unidos, Dick Cheney, o miembros de su gabinete se reunieron en varias ocasiones con directivos de Enron para elaborar el llamado «Plan Energético», que contenía por lo menos 17 propuestas que beneficiaban a esa compañía.

Al finalizar 2002, aún Cheney se negaba a entregar las actas de tales reuniones y la Contraloría (General Accounting Office) le había entablado demanda para que las revelara por tratarse de documentos que debía conocer la opinión.

Según Samuel Johnson, traducido por Luz Jaramillo de Vélez en *Nueva Gaceta*, «uno se pregunta entonces si la decisión de Bush de acabar con la Ley del Aire Limpio (*Clean Air*

Act), decisión tomada para aumentar las fortunas de compañías como la Enron, no habrá sido inspiración de gente con íntimas conexiones dentro de la industria energética.

»Las huellas de la influencia de la Enron también llegan a los ventrículos del vicepresidente Dick Cheney, quien admitió haber sostenido seis reuniones diferentes con los ejecutivos de la Enron durante el periodo en que se estaba estructurando la política energética de la administración Bush.

»Cheney, antiguo ejecutivo de Halliburton Petroleum, tuvo a su cargo la creación de dicha política. Por razones que se expondrán en los estrados judiciales, Cheney rehusó detallar los aspectos específicos relacionados con la creación de dicha política, los cuales incluyen las reuniones con Enron.

»De otra parte, es pública la conexión umbilical, política y financiera entre Bush y esa empresa: el capo de Enron, Kenneth Lay, era quizás el mejor amigo financiero que George W. Bush hubiese conocido jamás.

»Lay y varios funcionarios de esta organización costearon con medio millón de dólares parte de su campaña del 2000 para la presidencia y le prestaron un avión de la organización para sus traslados a los lugares más apartados del país.

»Antes de llegar a la Casa Blanca, Bush trabajó de manera muy abierta con la Enron en la política energética de Texas. Este estrecho vínculo llevó a que la administración Bush nombrara en importantes posiciones gubernamentales a un número de personas influyentes dentro de la órbita de la Enron.

»Thomas E. White, secretario del Ejército, fue en una época vicepresidente del Departamento Energético de Enron y acumuló millones en acciones de la compañía.

»El consejero presidencial Karl Robe poseía 250 mil dólares en acciones de la organización.

»Larry Lindsay, consejero económico, saltó directamente de la Enron a su actual trabajo en la Casa Blanca.

»Lo mismo ocurrió con Robert Bzoellick, representante federal de comercio (*Federal Trade Representative*).

»Además de Donald Rumsfeld, secretario de Defensa, hay alrededor de 31 funcionarios en la administración Bush que poseían acciones de la Enron.

»La Enron ejercía —y ejerce aún— enorme influencia sobre las medidas de la política del gobierno federal.

»Justo cuando la Contraloría General (*General Accounting Office*) se preparaba para demandar a Cheney y obligarlo a revelar esta información ocurrieron los ataques del 11 de septiembre».

Según lo revelan documentos de la Empresa Colombiana de Petróleos y varias publicaciones realizadas por el entonces presidente de Ecopetrol, Carlos Rodado Noriega, el comprador más interesado en las viejas plantas térmicas de Barranquilla y Cartagena era Enron.

Cumpliendo con el plan, el señor Ministro de Minas y Energía presionaba a la junta directiva de Ecopetrol para que una vez que se efectuara la venta, se permitiera que los excedentes de gas no consumidos por las plantas pudieran ser exportados a Panamá.

Con este paso modernizador, el señor ministro disparaba contra el patrimonio del país un nuevo cilindro con explosivos: si la venta era aprobada en aquellas condiciones, Enron podría armar un negocio astronómico comprando gas subsidiado en Colombia para venderlo varias veces más caro en Panamá.

Según lo revelaron luego los viceministros, ese gas iba a ser transportado desde los pozos Chuchupa y Ballena, en el mar de La Guajira, a través de Riohacha, Santa Marta y Barranquilla hasta Cartagena por el gasoducto de una empresa llamada Promigás.

Pero Promigás es Enron y su socio es Corfivalle. Y el doctor Luis Carlos Valenzuela es accionista de Corfivalle. Y fue presidente de Corfivalle antes de acomodarse en el Ministerio de Minas y Energía.

Según Rodado Noriega, «Promigás es la empresa más rentable de Colombia. El negocio del gas resulta uno de los más pingües que puede haber en cualquier actividad económica. Uno mira los estados financieros de Promigás en plena recesión económica y sus utilidades son entre 45 y 50 mil millones de pesos anuales.

»A través de esa firma, Enron y Corfivalle cobran 36 centavos de dólar por cada mil pies cúbicos de gas transportado hasta Cartagena. Y ellos querían que el país les vendiera 70 millones de pies cúbicos por día, expandibles a 160 millones.

»Solamente en el transporte hasta Cartagena, Promigás, es decir Enron y Corfivalle, o sea el ministro de Minas Luis Carlos Valenzuela, hacían otro negocio fabuloso».

Pero la operación no terminaba ahí. Según Rodado Noriega, en esta etapa de la privatización el doctor Valenzuela buscaba además que el gas subsidiado fuera llevado a Panamá y vendido a precios extraordinarios porque allá las plantas térmicas se mueven con fuel oil y ACPM. En ese momento en el equivalente térmico, aquellos combustibles valían cuatro dólares el millar de pies cúbicos, seis veces más de lo que debía cobrar Colombia, según el doctor Valenzuela y su banquero avaluador.

La posición del presidente de Ecopetrol fue rechazar la jugada porque «resultaba inaceptable que una empresa multinacional se beneficiara de un subsidio que se les otorgaba a los colombianos para hacerles razonables las tarifas de luz eléctrica».

Finalmente, a pesar de la capacidad de manejo del doctor Valenzuela dentro del gobierno y del poder de la Enron que aún era avasallante, Rodado Noriega logró conjurar el ataque, «porque el ministro se dio cuenta de que yo me estaba dando cuenta de cuánto quería hacer con ese negocio indebido».

Luego explicó: «Como se dice en beisbol, agarramos al ministro en pisicorre, que es cuando el lanzador sorprende al corredor tratando de robarse una base y lo pone fuera del juego».

En un debate en el Congreso, el senador Hugo Serrano Rueda dijo que en el negocio del gas en que estaba empeñado el ministro Luis Carlos Valenzuela había en juego sumas colosales de dinero.

Según Rodado Noriega, «por ese motivo hubo tanto truco, tanta presión. En ese momento la Enron era una compañía superpoderosa desde el punto de vista económico y tecnológico. Lo que no conocíamos era que su infinita capacidad de soborno y de fraude desbordaba su poder financiero».

Samuel Johnson sostiene en *Nueva Gaceta* que «las maniobras del propio Bush dentro de la industria energética muestran resonancias preocupantes con la situación de la Enron: Bush fue funcionario de alto rango de una empresa llamada Harken Oil. El 22 de junio de 1990 vendió sus acciones de la Harken por 848.560 dólares, con lo cual obtuvo una ganancia del 200 por ciento. Una semana más tarde, Harken anunció pérdidas trimestrales por valor de 23 millones de dólares y sus acciones en el mercado cayeron de manera abrupta en los siguientes seis meses. Bush hizo dinero a manos llenas mientras los demás inversionistas perdían millones de dólares.

»En 1998, durante la administración Clinton, Unocal, complejo energético estadounidense, canceló planes tendientes a explotar los depósitos de gas natural de Turkmenistán. Estos incluían extender una tubería desde esta región hasta Pakistán, lugar donde el gas habría de procesarse para los mercados energéticos occidentales.

»La idea se fue a pique cuando Clinton ordenó el bombardeo a Afganistán con misiles teledirigidos en respuesta a los ataques terroristas planeados y ejecutados por Osama Bin Laden contra las embajadas de Estados Unidos en África.

»La tubería debería pasar por Afganistán, pero la gente de Clinton envió a Unocal un mensaje en el sentido de que ese país controlado por los talibanes no debía recibir ningún tipo de impulsos financieros.

»Aparentemente, la administración Bush no encontró dilema moral alguno en cuanto a negociar con los talibanes para obtener el gas. Inmediatamente después de su llegada a la Casa Blanca, éstos tropezaron con los vigorosos coqueteos con la gente de Bush.

»Informes de Richard Butler, antiguo inspector de armamentos de Naciones Unidas, señalan que la administración Bush tenía sumo interés en fortalecer y estabilizar el sistema talibán, pues un régimen "sólido" habría de seducir a los inversionistas para revivir el negocio de gas natural de Turkmenistán.

»Los talibanes —que ahora son los demonios— cumplían con la idea de Bush de un gobierno "estable" con el cual negociar. De todas maneras suficientemente estable como para ver hecha realidad la tubería para sacar el gas.

»Los vínculos entre Bush y los talibanes se hicieron tan fuertes que éstos llegaron al punto de contratar a la experta estadounidense en relaciones públicas, Laila Helms, para acercar a los dos regímenes.

»Así continuaron los encuentros a alto nivel entre las dos naciones, el último de los cuales tuvo lugar en agosto, a escasas semanas de los ataques del 11 de septiembre.

»Todos estos pasos se llevaron a cabo con el fin de explotar las enormes reservas energéticas de Turkmenistán en beneficio de las corporaciones estadounidenses.

»Las íntimas relaciones entre Bush y los talibanes frustraron los esfuerzos investigativos de John O'Neill, subdirector del FBI, quien era en este organismo el principal perseguidor de Osama Bin Laden y en ese momento estaba a cargo de las investigaciones sobre sus conexiones con los ataques de 1993 contra el World Trade Center, la destrucción en 1996 de un campamento militar en Arabia Saudita, los bombardeos en 1998 a embajadas estadounidenses en África y el ataque al *uss Cole* en el año 2000.

»Dos semanas antes de la destrucción de las Torres Gemelas, O'Neill renunció al FBI en señal de protesta porque su investigación se vio obstruida por las conexiones entre la administración Bush y los talibanes, y por los intereses de las compañías petroleras norteamericanas.

»Según sus palabras al renunciar, "los principales obstáculos en la investigación del terrorismo islámico residen en los intereses de las organizaciones petroleras norteamericanas y en el papel que jugó Arabia Saudita en aquél".

»Al abandonar el FBI, O'Neill aceptó un trabajo como jefe de seguridad en el World Trade Center y murió el 11 de septiembre, cuando en su intento por salvar vidas de personas atrapadas durante los ataques las torres le cayeron encima.

»La realidad es que al agente federal que más que nadie en los Estados Unidos sabía de Osama Bin Laden, se le impidió escudriñar las amenazas terroristas contra Estados Unidos. Se le boicoteó porque la administración Bush estaba desesperada por cultivar la ayuda de los talibanes, quienes tenían en tanta estima al cerebro terrorista Bin Laden que le permitieron acceso a los lucrativos depósitos de gas natural de Turkmenistán».

El segundo golpe del ministro de Minas y Energía Luis Carlos Valenzuela y su gente consistía en sacar el gas y venderlo en Panamá a los altos precios del combustible líquido utilizado en Centroamérica.

Modernidad cuestionable porque mientras todos los países del mundo andan a la caza de gas natural, los líderes colombianos quieren sacarlo del país, porque *se trata de un negocio magnífico*.

Sin embargo, Rodado Noriega partía de aquello tan elemental como que el gas es valioso y, además, un bien estratégico: tiene gran capacidad energética, poder calorífico, es combustible limpio y aquí se trataba de negarle al país que lo empleara en las múltiples posibilidades de utilización de consumo doméstico, transporte público, plantas térmicas, uso industrial. Entregárselo regalado a una compañía privada era negarle al país la posibilidad de masificar la utilización del gas en Colombia, o sea, ir en contravía del mundo que lo está demandando.

«En Colombia la prioridad debería ser atender primero a las necesidades nacionales, pero aquí no se ha trazado una política que permita la masificación del gas, posiblemente para intentar regalarlo en otras circunstancias».

Regalarlo.

El segundo golpe consistía en que Enron buscaba transportarlo por el gasoducto de Promigás entre La Guajira y Cartagena y de allí llevarlo a Colón, en Panamá, a través de un gasoducto submarino.

Según lo proponía ahora el doctor Valenzuela, la Enron construiría el gasoducto submarino, pero no le permitía a Colombia, es decir a Ecopetrol, participar en el transporte de su propio gas.

Tampoco aceptaba que Colombia fuera socia de la comercialización del gas en Panamá donde radicaban las mejores posibilidades de ganancia por el enorme diferencial que existía entre el precio del gas en Colombia y el precio del diésel o del fuel oil que se buscaba sustituir. Total que, gracias a las presiones sobre Ecopetrol, Enron terminaba ganándose una fortuna a costa de la «modernización» que buscaba el ministro de Minas y Energía.

Pero como si lo anterior fuera poco, el ministro y sus parceros incluían en un proyecto de contrato una cláusula según la cual, durante 15 años, y 25 si se extendía el contrato, se le prohibía a Colombia construir un gasoducto competidor del de Enron, lo que resultaba una acción delincuencial mediante la cual un monopolista impedía que otro tuviera acceso al mercado con sus propios recursos.

En otras palabras, el golpe del doctor Luis Carlos Valenzuela incluía tres negocios:

1. Transporte del gas por tierra a través del oleoducto Enron-Corfivalle, entre La Guajira y Cartagena.

2. Transporte submarino por parte de Enron.

3. Comercialización internacional del gas colombiano solamente por Enron, impidiendo que el país entrara en el negocio a pesar de que se trataba de los recursos naturales de Colombia y de la posición estratégica de Colombia y de que la exploración y la explotación son de Colombia.

Según lo reveló Rodado Noriega, en este golpe del doctor Valenzuela todos los beneficios y utilidades quedaban en cabeza de Enron y Promigás. Los riesgos eran para Colombia.

De acuerdo con el documento sorpresa que finalmente dejaron conocer los parceros del doctor Valenzuela, Colombia se comprometía a venderles su gas barato durante quince años. Pero si Colombia incumplía —como tenía que calcularlo el doctor Valenzuela que sucedería—, en compensación debía pagárselo cuatro veces más caro a Enron, socio de Corfivalle, de la cual el doctor Valenzuela era accionista.

En ese momento el doctor Valenzuela, como ministro de Minas y Energía, había recibido un estudio de la Unidad de Planeación Minero Energética (UPME), según el cual los yacimientos de La Guajira serían productivos hasta el año 2008.

De acuerdo con los planes de Enron, la construcción del gasoducto submarino habría terminado en el año 2002, por lo cual un contrato a quince años a partir del 2002 nos llevaba hasta el 2018. ¿Entonces?

El documento sorpresa del doctor Luis Carlos Valenzuela y sus parceros dado a conocer en Houston, sede de la Enron, destino final del paseo millonario organizado por ellos, establecía que si Colombia incumplía con el suministro sería obligada a pagarles a los estadounidenses la diferencia entre 75 centavos de dólar en que según el doctor Valenzuela y su banquero deberíamos vender el gas, y cuatro dólares que valía su equivalente en fuel oil o ACPM. Diez años de «penalización». Una cifra colosal fijada por ellos en un documento hecho por ellos y dado a conocer a través del señor ministro, la mañana que intentó obligar al presidente de Ecopetrol a firmarlo.

Houston. La mañana del 19 de octubre de 1999 la doctora María Mercedes Prado, viceministra de Hidrocarburos de Colombia, se acercó a Carlos Rodado Noriega, presidente de Ecopetrol, y le anunció que debía firmar algo llamado «memorando de entendimiento» con Enron.

Unos meses atrás, luego del pisicorre que dejó fuera del juego al ministro Valenzuela en su intento por entregarles a Corfivalle y a Enron el gas subsidiado por Colombia, el ministro Valenzuela cambió de bate. Ahora desataba una oleada de presiones para que Colombia entregara hasta 160 millones de pies cúbicos de gas diarios a 75 centavos de dólar, cuando el precio internacional era de 1,75, y para que Colombia aceptara la prohibición de Enron en cuanto a la construcción de un gasoducto hasta Panamá, y Rodado dijo que no lo aceptaría. Para él, se trataba de una entrega.

Justamente ese era el contenido del «memorando de entendimiento» que, según la doctora María Mercedes Prado, viceministra de Hidrocarburos de Colombia, debía ser firmado por Rodado ese día.

Esa mañana en Houston, sede de Enron, el paseo millonario había llegado a su clímax. A pesar de tener planes diferentes, Carlos Rodado Noriega fue incluido en la comitiva del doctor Andrés Pastrana, presidente de la República, quien voló a Houston «pues con el ministro de Minas e Hidrocarburos habían programado allá alguna cosa».

En la agenda de Rodado Noriega no figuraba ningún entendimiento, ninguna entrega de gas a Enron, ningún gasoducto submarino.

Por la noche, luego de una cena con directivos de Enron a la cual asistieron el presidente Pastrana, el embajador Luis Alberto Moreno, el embajador de los Estados Unidos en Colombia y el doctor Luis Carlos Valenzuela, la viceministra Prado volvió a la carga:

—¿Finalmente vas a firmar el acuerdo de entendimiento con los señores de la Enron, o no? —le preguntó a Rodado.

—No lo voy a firmar. De ninguna manera —le respondió aquél.

—Entonces les tienes que dar ahora mismo una explicación convincente a los caballeros de la Enron.

—No tengo ningún inconveniente en decirles que no lo firmo porque no estoy de acuerdo con él. Punto.

«En aquel salón ahora todos se hallaban de pie y ante el ministro, el embajador Luis Alberto Moreno y los de la Enron, en son amenazante, la viceministra María Mercedes Prado le hizo saber al señor presidente Pastrana mi actitud», recuerda Rodado Noriega.

El presidente de la República escuchó y luego se acercó a Rodado y le dijo:

—Bueno, Carlos, pero... ¿no se podría firmar un papel que tú redactaras?

—Sí, sí, yo lo escribo, señor presidente, porque yo establezco así las circunstancias en que podríamos hacerlo. Es mi deber. Soy el responsable de estos recursos de toda una nación.

—Desde luego, Carlos —respondió el presidente Pastrana, miró al embajador Luis Alberto Moreno, al doctor Luis Carlos Valenzuela y levantó las cejas. Luego se sumó al corrillo de ejecutivos de Enron que lo esperaban al extremo contrario del salón.

El poder político de Enron en aquel momento era ilimitado. Según el Center for Responsive Politics, aquella empresa y Kenneth Lay, presidente de su junta directiva, hicieron enormes contribuciones a las campañas políticas de republicanos y demócratas, aunque los republicanos que apoyaban a George W. Bush recibieron tres veces más que sus rivales.

Una vez producido el escándalo mundial por el marco de corrupción que determinó su quiebra, la misma fuente señala que «el fiscal general John Ashcroft tuvo que declararse impedido para investigar, cuando le recordaron que él mis-

mo había sido beneficiario de Enron con una contribución de
57 mil dólares en su frustrada campaña al Senado en el año
2000.

»Treinta y cinco de los más altos funcionarios del gobierno, incluyendo algunos ministros del gabinete, fueron accio-
nistas de Enron hasta el año 2001.

»El gobernador de Texas, Rick Goodhair Perry, nombró
en junio del año 2001 como director de la Comisión Regula-
dora de Empresas Públicas de ese estado a un ejecutivo de
Enron. Al día siguiente el gobernador recibió de Kenneth Lay
una donación de 25 mil dólares. Interrogado el funcionario
por los medios de prensa, se limitó a decir que se trataba de
una simple coincidencia.

»El fiscal general de Texas, John Cornyn, dijo que llevaría
las investigaciones del caso Enron hasta sus últimas consecuencias, lo cual causó regocijo entre las gentes: un grupo de
seguimiento político recordó que él también había recibido
contribuciones de Enron por 193 mil dólares, razón por la cual
tuvo que declararse impedido para continuar con la investigación.

»Cualquiera que sea el curso de las investigaciones por el
fraude, éstas deben terminar en la Corte Suprema de Justicia
de Texas. Pero en aquella institución, siete de los nueve magistrados han sido beneficiarios de Enron».

Houston, Texas. 20 de octubre. La noche anterior, luego
de las palabras del señor presidente Pastrana, Rodado se retiró a su habitación del hotel J.W. Marriott pensando en que el
papel a firmarse tendría que ser «un saludo a la bandera», es
decir, algo según lo cual Ecopetrol y Enron debían analizarlo
y discutirlo todo:

—Yo entendía perfectamente que algo redactado por mí no significaría absolutamente nada, pues éramos antípodas frente a este tema —recuerda Rodado.

Cuando a primera hora de la mañana ingresó a la cafetería del hotel, halló en torno a una mesa a los ejecutivos de Enron con la doctora María Mercedes Prado, viceministra de Hidrocarburos, y avanzó hacia ellos acompañado por Robert Stewart Caraballo, un caribeño que ocupaba el cargo de jefe de Comunicaciones de Ecopetrol, pero la doctora interpuso entre ellos su cuerpo extendido:

—Ven acá, Carlos —le dijo con voz de trompeta, la frente apuntando hacia el techo, y luego repitió:

—Ven acá.

—Sí...

—Mira —dijo y le estiró unos papeles escritos en inglés—: esto es lo que tienes que firmar.

—¿Eso?

—Sí. Es el memorando que redactamos anoche con los señores de la Enron.

Rodado lo leyó y halló que era una transcripción de los puntos por los cuales tanto habían presionado el doctor Luis Carlos Valenzuela y sus parceros durante los meses anteriores.

Luego comprobó que aquella carta de intención realmente había sido escrita por gente de la Enron secundada por el ministro Luis Carlos Valenzuela, pero en un debate posterior en el Congreso de Colombia, la doctora Prado, esta vez con la frente baja y la voz de flauta, dijo que no, que ella no, para nada, que aquel documento había sido redactado por los señores de la Enron.

Las imágenes en los archivos de televisión muestran luego a una mujer inmóvil, la cara pálida y las pupilas como cruces.

También en el Congreso y luego ante la Procuraduría General de la Nación, el señor ministro cantó lo mismo:

«¿Yo? Yo no. Eso lo escribieron los de la Enron».

En aquellos papeles habían sembrado minas y explosivos como aquellos según los cuales las partes firmantes eran Ecopetrol, Enron y el Ministerio de Minas y Energía, y eso para Rodado Noriega «era un abuso y era sospechoso y era muy grave»:

«¿Por qué el ministro acepta ser parte de un convenio cuya competencia les corresponde a otros? —se preguntó. ¿Por qué la viceministra acepta ser mensajera de un documento que preparó la Enron sirviendo a sus intereses y no a los de Colombia? ¿Por qué el ministro y ella presionan para que sea firmado? Claro: el ministro Luis Carlos Valenzuela tiene grandes intereses en este negocio; por eso busca que sea firmado dentro de solo dos semanas...

»Dos semanas es el plazo perentorio que me imponen aquí para que tenga acordada la firma de un contrato que reduce a Colombia al papel de simple vendedor de un recurso natural colombiano, sin beneficiarse del transporte ni de la comercialización en el exterior. Imposible».

Finalmente, la mostaza se le acabó de subir a Rodado Noriega cuando leyó que si el siguiente 15 de noviembre las partes no habían llegado a un entendimiento, se nombraba como árbitro al señor presidente de la República, Andrés Pastrana. Para Rodado aquello significaba, primero, un irrespeto de Enron con el presidente de su nación y él no lo aceptaba, y segundo, en un caso específico, ¿cómo iba a objetar él a su propio jefe y dar por terminado el proyecto?

Cuando terminó de leer aquello, Rodado Noriega también levantó el tono de la voz:

—De ninguna manera firmo ese documento. Yo traje uno redactado por mí, de acuerdo con lo que dijo anoche el señor presidente.

La doctora le preguntó sonriendo:

—¿Sí? ¿El presidente dijo eso?

Luego estiró el gesto, lo miró de arriba abajo y regresó a la mesa, pero Rodado explicó sus puntos de vista y desde luego los de Enron tampoco aceptaron su posición. Se retiró, pero la doctora Prado se quedó con ellos.

El doctor Luis Carlos Valenzuela utilizaba como fuerza de choque a sus viceministros. En el caso de las viejas plantas de Barranquilla y Cartagena lanzó al ataque al doctor Felipe Riveira y en los demás golpes a la doctora Prado. Según Rodado Noriega, el ministro les temía a su carácter y a sus convicciones.

Terminado el paseo millonario, Rodado sentía la necesidad de regresar y explicar cuáles eran sus razones «para no firmar algo lesivo a los intereses de Colombia».

En Bogotá escribió un informe dirigido a los miembros de la junta directiva de Ecopetrol, a raíz del cual se suscitó un debate en el Congreso de la República y se abrieron investigaciones en la Procuraduría General de la Nación y en la Contraloría General de la República.

En aquellos documentos, como en grabaciones de sonido del Congreso y publicaciones del *Diario Oficial*, está basado este capítulo.

Pero el debate fue una farsa. Según el columnista D'Artagnan en *El Tiempo*, «no ha sido más que un magnífico espectáculo circense de maromeros y manipulación. El anunciado debate al ministro de Minas, Luis Carlos Valenzuela, no resultó debate.

»En un acto de injerencia sin precedentes, el gobierno logró que por la televisión se transmitiera la intervención de

Valenzuela, pero no la del senador Hugo Serrano y parcialmente la del presidente de Ecopetrol, Carlos Rodado Noriega. Pero lo más grave es que el gobierno —a través de sus congresistas— impidió la intervención del experto Jaime Castro, por simple temor ("culillo" lo llaman algunos) a que él sí descubriera la trama de Valenzuela, versado como es Castro en estos temas de las incompatibilidades e inhabilidades de funcionarios que saltan del sector privado al público sin limitaciones ni reatos morales.

»No hubo debate. El gobierno, con su carga de congresistas comprados con puestos y regalías petroleras a nombre de sus regiones, impidió que lo hubiera. Y la opinión se quedó con la versión histriónica de Valenzuela, pero sin conocer a fondo la de la contraparte».

Inhabilidades. Incompatibilidades. Moral. La historia es breve:

Desde cuando se puso al descubierto el golpe a las plantas herrumbrosas de Barranquilla y Cartagena, en un debate público se dijo que el ministro Luis Carlos Valenzuela debería declararse impedido para participar en cualquier negocio en el cual interviniera Corfivalle, por ser expresidente y además accionista.

El doctor Valenzuela lo negó también públicamente. Portadas en revistas, fotografías y titulares en la primera página de los diarios: «Yo no soy accionista. Para nada».

Sin embargo, con certificados de cámaras de comercio se demostró que no estaba diciendo la verdad. Nuevo pisicorre ante el cual tuvo que aceptar públicamente:

—Es que apenas soy dueño de 157 mil acciones de Corfivalle.

—Pero usted también fue presidente de esa corporación.

—Sí, pero eso no implica para mí ninguna inhabilidad legal —dijo, y continuó tramando el paseo millonario desde el ministerio, ante lo cual la Contraloría General de la República le recordó que los estatutos de Ecopetrol dicen:

«Los miembros de junta directiva, el presidente y demás funcionarios y empleados de la empresa, no podrán negociar en valores de petróleo ni expresar interés alguno en empresas con compañías que se ocupen en cualquiera de los ramos de esta industria».

Y en el artículo 29 subraya: «La infracción acarreará la pérdida del cargo».

«La Ley 489 de 1988 señala que cualquier violación de los estatutos de Ecopetrol equivale a violar una ley y no unos simples estatutos».

Silencio. En ese momento el doctor Valenzuela se hallaba enfrascado en los últimos detalles del negocio.

La única sanción fue un documento público, en el cual el contralor general de la República le dijo el 3 de enero del año 2000:

«Usted cometió una violación no solamente de orden moral sino una transgresión al orden jurídico del país».

El doctor Valenzuela ni se declaró impedido para actuar en el negocio, ni fue sancionado con perder el cargo de ministro, ni fue llamado a responder ante ninguna autoridad penal por un paseo millonario. Simplemente renunció cuatro días después del pisicorre propinado por el contralor general de la República.

Hasta ese momento, para efectos financieros, la Enron había ganado en Argentina, en la India, en California, pero perdió en Colombia frente a la honestidad del presidente de Ecopetrol, Carlos Rodado Noriega.

La cruz

La canción de los ahorcados

Las imágenes llenan la pantalla. Un hombre saca de su casa un colchón, luego otro, más tarde una pequeña mesa y los deja en la calle. Mañana lluviosa. Voces fuera de cámara cantan con el ritmo de Saboreo, una orquesta del Pacífico colombiano: «La vamo a tumbá. La vamo a tumbá». La canción tiene el contorno musical del bambazú, pero es sentencia a la vez.

La chica de la televisión, cien palabras por minuto y ochenta decibeles sostenidos, anuncia para los próximos minutos una lección dirigida a quienes traten de burlar sus compromisos financieros.

Corte a comerciales:

Propaganda de una corporación de ahorro y vivienda.

Al aire:

La chica habla de la labor de los bancos mientras las imágenes muestran al hombre cargando con un par de sillas, una batea de madera, un pescado de palo, una herramienta desconocida por los de la ley que se la rapan de las manos. «Es un arma peligrosa», advierte la chica. Detrás del hombre, un grupo de policías antimotines, escafandras, máscaras antigases, chalecos antibalas, bastones, esposas, escudos, lanzan a la calle un cuadro dibujado con la figura de un buque.

Primer plano: una niña de cinco años aprieta entre las manos un manojo de pajillas. Otra de quince, una banca pequeña.

Plano general: los policías arremeten con sus escudos, bastones, cascos, escafandras, máscaras antigases, chalecos antibalas contra los vecinos, las niñas, el hombre y su mujer. El director del noticiero se apresura a eliminar aquellas imágenes y le da paso a una secuencia de los vecinos armados con picas y mazos para quebrar piedra. Las voces toman forma: caras de desarrapados que continúan cantando: «La vamo a tumbá. La vamo a tumbá». Luego avanzan y sacuden los muros. Rueda una ventana, cae una puerta. La lente se empaña con una bocanada de cemento hecho polvo.

La chica de la pantalla habla de fundamentalismo. Luego explica:

«José Ever Carabalí, un hombre de color, incumplió sus compromisos con la corporación y hoy fue expulsado de su casa en forma justa y bajo el imperio de la ley, a pesar de que un grupo de terroristas derribó parte de la vivienda que había sido adquirida por un segundo ciudadano de bien en un remate legal».

Una hora después, la pantalla vuelve a ser ocupada por las imágenes, pero no aparece la carga de la patrulla antimotines, ni se explica que Carabalí no incumplió con sus pagos a la corporación, ni que jamás supo que le seguían un proceso para despojarlo de su vivienda. Allí hablan de vandalismo el jefe de la policía, el gobernador, el ministro de Justicia, el jefe del servicio secreto y un grupo de violentólogos con trajes negros y corbatas amarillas brillantes. Un vocero de las corporaciones de ahorro y vivienda se refiere a subversión, pero tampoco se escuchan las denuncias de Carabalí, ni las palabras de su abogado, ni a la niña de las pajillas, ni a la de la banca pequeña, ni a alguno de los vecinos explicando su reacción.

La chica de la televisión en su clímax final despide el programa exigiéndoles a las autoridades que lleven hasta las últimas consecuencias el castigo a aquel brote de terrorismo.

Martes 2 de julio del 2002. Luego de ser rematada una casa, el juez 14 civil municipal de Cali acompañado por una patrulla de la policía antimotines lanzó de allí a José Ever Carabalí, su mujer y sus dos hijas.

La diligencia obedeció a un fallo que condenó a la familia por incumplimiento en sus pagos a una corporación de ahorro y vivienda.

De acuerdo con el Instituto Colombiano de Ahorro y Vivienda, en Cali ese año fueron lanzadas de sus casas por causas similares, 443 familias. En todo el país, 1.921.

Según el ministro de Trabajo, Juan Luis Mejía, en Colombia existían en ese momento 22 millones de personas en estado «de elevada pobreza». Otros nueve millones se hallaban desempleados, la mayor cifra de América Latina. La población del país era de 40 millones.

El lanzamiento tuvo lugar a las nueve. Mañana lluviosa. La imagen central de la diligencia era un hombre de 35 años con ojos de desterrado, descendiente de mineros de oro en Santa Bárbara de Timbiquí, Pacífico colombiano.

Frente a él, al juez y a los policías se plantó un grupo de vecinos, testigos de que Carabalí había construido su casa de 90 metros cuadrados, piedra por piedra de los cimientos, ladrillo a ladrillo de cada muro y ellos se veían en él. De aquellas

43 personas armadas con picas y mazos para quebrar piedra, 28 estaban a punto de perder sus viviendas por incumplimiento en sus pagos a las corporaciones. Eran desempleados y cantaban aquella canción de Octavio Panesso, «La vamo a tumbá», que les recordaba las coplas de pasión de los viernes santos en el Timbiquí.

Lo primero que Carabalí sacó de su casa aquella mañana fueron un par de sillas, una batea de madera tallada en cachajillo por los mineros negros del río Güelmambí. Para las familias del barrio, la batea expresa el entorno físico de madera y agua de su ayer. Batea de moro utilizada por su padre para cargar piedra, pero convertida en cuna por José Ever con el fin de modelar simbólicamente los cuerpos de sus dos hijas frente al trabajo rudo y el sufrimiento del mañana.

Y sacó también un almocafre, herramienta de mineros gastada por el escarbar en las arenas de los ríos. Fue el último que utilizó su abuelo, pero esa mañana un policía se lo rapó de las manos y él jamás pudo recuperarlo.

Luego otros dos policías descolgaron el único cuadro y lo lanzaron a la calle. Era el dibujo del buque *Maravedí* hecho por su tía una tarde que le contó la historia de aquella nao cargada de espíritus y esqueletos endemoniados procedentes de aguas diferentes de las de la tierra.

Las pajillas que llevaba la niña chica no son pajillas. Ella quiere ser tejedora de espartos como su abuela. Y la banca pequeña es realmente una banqueta, objeto protagonista en aquellas casas, porque el día en que su padre se la regaló a su madre, le estaba haciendo con ella una promesa de matrimonio. Banqueta de mareña por el calado de su espaldar y la pintura azul. Mareñas son las vendedoras que llegan en canoa a los puertos del Pacífico. Sus banquetas significan trabajo y responsabilidad.

Casa vacía. Picas y mazos chocaron contra los muros. En medio de un halo de polvo y cemento seco cayeron una ventana y una puerta en filigrana de madera, traídas de Santa Bárbara: recuerdos de la opulencia y el prestigio que se llevaron los franceses en los años del oro en el Timbiquí.

A pesar de todo, la corporación le recibió a Carabalí un millón de pesos la víspera del despojo.

Un millón de pesos es una fortuna para él.

Bogotá. La Contraloría General de la República denunció públicamente que en la Dirección de Impuestos hicieron desaparecer documentos que multaban con 106 mil millones de pesos a 16 bancos que registraron inconsistencias en sus declaraciones de renta.

Ese dinero equivale a 3500 viviendas populares, calculadas a 30 millones de pesos cada una, costos de Bogotá, los más elevados de Colombia a finales del 2002.

Según la Contraloría, de acuerdo con pruebas documentales en su poder, el 18 de marzo del año 2002, tres bancos —Citibank, Davivienda y AV Villas— iban a ser penalizados con 125 mil millones de pesos, y otros 13 con multas por más de 75 mil millones de pesos.

Solo a los tres primeros, que según Impuestos debían pagar en conjunto 125 mil millones de pesos, las sanciones les quedaron en 49 mil millones.

A los restantes, las multas por 75 mil millones les fueron sustituidas por 45 mil millones.

La Contraloría comprobó que varios de los documentos en los cuales constaba el cambio de montos en las multas, desaparecieron.

El contralor general, Carlos Ossa Escobar, le informó de la desaparición al presidente Uribe Vélez, al ministro de Hacienda Roberto Junguito y al director de Impuestos Mario Aranguren, el 23 de agosto del año 2002.

En su carta, el contralor general anota:

«Los documentos rescatados indican que por lo menos a tres bancos (Citibank, AV Villas y Davivienda) se les iría a multar con cerca de 125 mil millones de pesos, pero luego fueron cambiadas las resoluciones de multa, pero ya por un monto inferior: 49 mil millones de pesos».

Aquella no era la primera vez que un grupo de personas se agolpaba cantando la canción de los ahorcados para tratar de impedir que una familia fuera lanzada a la calle por las corporaciones. Apenas unos meses atrás sucedió en casa de Juan Castillo, un soldador de espigas de acero enmascarado. Allí los vecinos, con letreros improvisados y banderas blancas, frustraron el desalojo.

A los vecinos no los congregó nadie. No era necesario, porque en esta cuadra la mitad, exactamente la mitad de los hogares ha dejado de pagarles a las corporaciones. No tienen con qué. No hay trabajo. Los demás vinieron por solidaridad. Son gentes agrupadas en torno a una organización de ahorcados con un pie fuera de su casa.

A veinte minutos de allí la plaza de Cayzedo, en el corazón de la ciudad, fue hasta hace algunos años territorio de los empresarios del lugar, pero hoy aquellos edificios están ocupados por asesores tributarios, intermediarios en negocios de la propiedad urbana, abogados pequeños y medianos. Los blancos huyeron al sur de la ciudad.

Sobre su rastro han quedado tres casinos, un bingo que llaman «social» con quinientas sillas de juego, veinte agencias de «chance», una lotería que les apuesta a las loterías, diecinueve lugares para apuestas, ciento cuarenta y tres ventas de billetes de lotería, y en el centro de la plaza los mejores lustrabotas del mundo.

Bajo la estatua de Cayzedo y Cuero, dos hombres pronuncian discursos «audiovisuales», láminas de papel en la mano, en torno a la impotencia sexual y venden medicamentos portentosos «para que aquello suba como palma pero no caiga como coco».

Las bancas y los separadores de los prados están ocupados desde las ocho de la mañana por una muchedumbre con cara de ausencia. A las tres de la tarde hay entrada completa: ni una losa libre. Y en las áreas de tránsito un tropel de vendedores de comestibles, libros falsificados, discos falsificados, bombillas falsificadas. Algunas veces los policías los corretean, pero ellos vuelven pronto a sus lugares.

El paño de lágrimas de tanto ahorcado se llama Asociación Nacional de Usuarios del Sistema Financiero y Servicios Públicos (Anusif) —ellos pronuncian Anusí—, en el noveno piso de uno de los edificios del marco de la plaza. Anusí nació en 1996 cuando una profesora jubilada fue despojada de su casa a pesar de la resistencia pacífica de los vecinos que presentían la misma suerte. Poco después ya no fue un presentimiento. Casi todos resultaron en la calle.

El marco de este drama es una historia que sintetiza solo una parte de la violencia que históricamente han ejercido las instituciones colombianas contra la población. No obstante, hoy sus dignatarios preguntan por qué no habrá paz en el país.

A comienzos de la década de los años setenta, el presidente Misael Pastrana Borrero copió de la Argentina el sistema de financiación de vivienda, algo que llamó UPAC —aplicación del interés compuesto en los créditos de vivienda—. Entonces la gente lograba adquirir un techo.

Sin embargo, a partir de 1990 el presidente César Gaviria y su ministro de Hacienda Rudolf Hommes decidieron, como dicen ellos para exteriorizar su poder, «apretarle el cinturón» a la gente y le variaron la receta: bajas tasas de captación de dinero y altos, altísimos porcentajes de intermediación. El medicamento genera altas tasas de colocación.

Esto hizo casi inalcanzable el UPAC, porque lo volvieron inaccesible, de manera que cuando despojaron de su techo a aquella mujer que había pasado su vida educando a los niños, medio millón de familias colombianas se hallaban ahorcadas por un sistema perverso: los créditos de vivienda.

En un recuento histórico sobre el UPAC hecho por Mario Calderón Rivera, expresidente del Banco Central Hipotecario, puede leerse:

El drama repetido una y mil veces en el seno de hogares colombianos que pierden su vivienda como consecuencia de un sistema aberrante de financiación, pertenece a una época distinta a aquella en que la vida me puso en el centro de escenarios en los cuales se movió la política de desarrollo urbano y de vivienda.

Lo de hoy lo presentí desde el mismo momento en que la esencia original del UPAC fue monstruosamente deformada con los cambios que se le introdujeron a todo el sistema financiero nacional al comenzar la década de los noventa...

Desde comienzos de los noventa, emergió un UPAC desfigurado, en manos de alianzas punibles entre grandes firmas constructoras y bancos... Mi visión me permite adivinar hoy un escenario entre trágico y cómico, en que se combinaba el juego desesperado para salvar del naufragio a un sistema financiero que a conciencia se embarcó en el juego especulativo, pero también con el propósito justo de rescatar a cientos de miles de familias lanzadas a la encrucijada.

Sin hablar de los malabarismos de jueces y de altos magistrados para enfrentar un fenómeno sin precedentes en la jurisprudencia y para cuya solución no aportaban o aportaban muy poco las doctrinas acumuladas secularmente en el marco de una economía pasto-

ril. Porque si algo preservó la esencia original del UPAC *fueron las barreras que se establecieron para no permitir que tanto construc-tores como bancos pudieran manipular el sistema en su beneficio. La reforma del noventa simplemente colocó al sistema* UPAC, *ya des-naturalizado en la misma tabla de los intereses usurarios del resto del sector financiero, a veces por encima del 60 por ciento anual.*

Durante el gobierno pasado —Pastrana—, una resolución de la Superintendencia Bancaria consideraba tasa de usura la que se colocara por encima del 72 por ciento anual.

La verdad es que bancos y corporaciones sí supieron aprovechar semejante plato, hasta que después de los primeros años en que sus utilidades crecieron por encima de lo soñado, los deudores comenza-ron a despertar a la aterradora realidad de que el saldo de su deuda se había multiplicado varias veces, en un escenario económico que perdió su dinamismo y en el cual las garantías hipotecarias rápida-mente comenzaron a perder valor frente al crecimiento desorbitado de las obligaciones. Fue posiblemente el momento en que comenzó tristemente «La canción de los ahorcados».

Medio millón de familias ahorcadas por el sistema per-verso de los créditos de vivienda. Se hablaba de eso.

Esos quinientos mil dramas comenzaron a tener eco en las cortes. El Consejo de Estado y la Corte Constitucional pro-hibieron que en los créditos de vivienda los bancos y las cor-poraciones continuaran cobrando intereses sobre intereses, pero el gobierno, encabezado por Andrés Pastrana —hijo de quien copió la horca de la Argentina— insistió en ella crean-do algo llamado UVR, que era la misma fórmula del sistema UPAC, pero con más veneno.

La Corte Constitucional insistió en favor de los ahorcados y echó por tierra la equivalencia entre UPAC y UVR, ordenándo-les a las corporaciones reliquidar «auxilios» en favor de 850 mil familias que ahora llevaban la soga al cuello, pero no en

UPAC, ni en UVR —como lo hacían a pesar de todo los banqueros apoyados por el gobierno—, sino en pesos colombianos.

«Letra muerta», se dice. El gobierno a través de una agencia llamada Superintendencia Bancaria se le había cruzado a la Corte y a pesar de su mandato, las corporaciones se plegaron a la fórmula proscrita del gobierno. Así continuaron su camino en sentido contrario al de los ahorcados. Hoy, millares de personas en diferentes ciudades del país comprueban con sus casos personales y sus documentos y su calvario, que las deudas de la gente no han sido reliquidadas como lo ordenó la Corte Constitucional sino de acuerdo con las voces del gobierno y de las corporaciones.

Según la Contraloría General de la República, con el dinero que les han sustraído a los pensionados seis firmas de la banca llamadas fondos privados, podrían haberse construido en Colombia 50 mil viviendas populares.

Una investigación de la Contraloría señala que hasta el 31 de diciembre del año 2002, los fondos privados de pensiones se habían quedado con un millón y medio de millones de pesos, cuyos dueños fueron los ancianos y los enfermos.

Para ese organismo del Estado, «Se trata de un dinero que no les cuesta nada a los fondos, que les llega religiosamente por descuento de nómina a todos los afiliados, en todas las empresas y todos los meses».

Pero ese dinero gratuito para ellos, lo están colocando en especulación financiera, en dólares o en euros. En Europa o Estados Unidos quienes hagan especulación financiera van a la cárcel. En Colombia los fondos de pensiones no han servido para aumentar el empleo. En cambio compran dólares, euros, TES.

La misma institución señala que «si realmente se quiere que en Colombia haya empleo, lo que se debe hacer es fomentar el ahorro

para que haya inversión sana, pues los intereses son agio. Y no pue-
de haber empleo si no hay créditos que se puedan pagar».

En Cartagena de Indias, el año 2002, banqueros del resto del
mundo les preguntaron a sus colegas colombianos cómo querían
que la gente no se atrasara, por ejemplo en los pagos de vivienda, si
los intereses eran impagables.

El asunto es que al reglamentar una hecatombe llamada Ley
100 en agosto de 1994, la Superintendencia Bancaria ideó el meca-
nismo mediante el cual los fondos deberían administrar el dinero de
los pensionados que ahorran.

Pero la Superintendencia jugó a dos cartas con un par de cifras
que señalaban cuánto iría a los fondos y cuánto cobrarían esos fon-
dos por administrar los dineros de los ancianos.

No obstante, tres meses después la misma Superintendencia dictó
otra resolución, pero en ella no habló de «la base de dinero adminis-
trada», sino de «la base». Ahí estuvo el gol contra los ancianos.

Resumen: la Superintendencia Bancaria alegó que tenía pode-
res para reglamentar aquello, y lo hizo, y lo hizo mal, y sentó las
cláusulas necesarias para confundir. La treta estuvo en abstenerse
de aclarar cuál era la base administrada.

Juan Castillo, aquel soldador enmascarado, ya no suelda
espigas de acero. Él se embarca algunas temporadas en un
buque que navega por el Caribe y cuando salta a tierra, carga
y descarga camiones con un par de brazos singulares y se
impulsa con el aliento de unos fuelles que, a medida que pasa
el tiempo, pujan menos y él sabe que lo único que debe con-
servar es el resuello. Pero, ¿hasta cuándo? Ya tiene treinta y
siete.

—Juan —le preguntó una mañana el padre Gonzalo Gallo—, ¿realmente quieres casarte con Marta? —y Juan, que es
un hombre de lengua certera, le respondió allí, en la iglesia,

con la primera corbata que se colgaba en su vida y con aquel trajecito gris que desapareció con cómoda y todo cuando ella creyó que debía desaparecer—: padre, yo nunca en mi vida he mirado a otra mujer. Yo nunca he querido a nadie que no sea ella.

Se amaban desde cuando ella descubrió que le crecían los senos y él, una sombra de vellos en el pubis.

Para comprar aquel traje y unos zapatos negros, se había embarcado como auxiliar de cocina en un buque con dos mil turistas y mil y pico de tripulantes. Ocho meses en el Caribe. Lejanía tenaz, como se dice ahora.

Bueno, pues se compró el traje y los rieles negros y una buena camisa, pero, carajo, sobraron unos pesos. ¿Una gran fiesta de boda? Olvídese. Un techo. Un techo había sido el sueño de su vida desde cuando la vio y pensó que iba a ser su esposa.

«Con esos centavos, eran centavos, y otros dineros que conseguimos mi mujer y yo un año después —comienza a recordar—, nos hicimos a un lote de sesenta metros en un arrabal que se llamaba Cali Mío.

»Luego mi señora obtuvo un crédito para vivienda: en ese momento ella tenía trabajo. Yo no. Adiós al trabajo en soldadura y se me ocurrió usar la fuerza cargando y descargando camiones.

»El lote estaba avaluado en 4 millones 500 mil pesos, debíamos pagarlo en 15 años y para que nos lo entregaran teníamos que dar una cuota inicial de 500 mil pesos. Mi tío, que es un sabio, me dio 100 mil, mi suegra 200 mil y me hacían falta otros 200 mil. Les eché mano a los centavos, llevé a la peña un televisorcito de 20 pulgadas con su control remoto. Me dieron cualquier cosa por él, pero luego lo perdí. No tenía con qué pagar.

»Total, el lote ya era nuestro. Necesitábamos con qué hacer casa. La empresa donde trabajaba Marta nos dio un segundo crédito para construcción: un millón 300 mil pesos. En ese momento con lo que ganábamos podíamos pagar perfectamente los dos préstamos.

»Ese segundo crédito nos lo dieron en cemento, acero, roca muerta, piedra, ladrillo, arena gruesa para pegar ladrillos y todas esas cosas.

»Como trabajaba en lo de los camiones todas las mañanas y todas las tardes y a veces algunas noches, solo podía ir al lote sábados y domingos, y claro, dos semanas después me dijeron: "Juan, no podemos guardarte los materiales más tiempo porque tú te demoras mucho en esa construcción. Mañana te los entregaremos".

»Los depositaron en el centro del lote: lote vacío, vecinos construyendo, ladrillos y cemento y piedras y todas esas cosas sin doliente... Pues los vecinos se los fueron llevando. Desapareció todo. Sin embargo, alcanzamos a pegar una parte, porque las paredes quedaron medianeras, un metro de altas. Qué felicidad: "Ésta va a ser la pieza de los niños, ésta la sala comedor y ésta la habitación nuestra". Ella ilusionada, y trabajando. Trabajaba mucho: que traer agua, la traía; que remover arena con cemento... ¡Qué mujer!

»Ya teníamos al primer niño. Ella estaba en embarazo del segundo y se acabó el dinero. Me embarqué otra vez como auxiliar de cocina en la Carnival, esa naviera que se mueve por el Caribe con cruceros de dos mil y tres mil turistas en un solo buque. Cuatro meses en eso.

»Regresé con tres mil dólares, entonces unos cuatro millones de pesos, para metérselos a la casa y pagar deudas. Pero cuando llegué, allí no había muros medianeros. Cuando se acabó la vigilancia de Marta, los vecinos los desbarataron y se llevaron los ladrillos. El dinerito que traje fue para hacer nuevamente media casa. Levanté por segunda vez los muros y fundí una plancha encima, soñando con un segundo piso.

»Cuando uno se hace a lo que aquí llaman vivienda popular, supone que al cabo de algún tiempo de pagar cumplidamente, la deuda tiene que haber rebajado. En ese tiempo, Marta y yo pagábamos sagradamente las cuotas de 75 mil pesos cada mes.

»Seguimos pagando, seguimos pagando y al tercer año le dije: "Marta, preguntemos por el estado de la cuenta". Suponíamos que estábamos debiendo poco, pero... Mire: desde cuando entramos a la corporación sospechamos algo. Ya no eran amables con nosotros, ya no ofrecían café, ahora no se frotaban las manos como cuando buscaban raparte la cuota inicial. Ahora saludaban con ese...

»—¿Dígame?

»—Señorita, nosotros...

»—¿Debiendo poco? Olvídense. Ustedes apenas le han abonado a los intereses de la deuda. En estos tres años han pagado solo tres millones de pesos.

»El préstamo había sido por un millón 300 mil pesos.

»Salimos de allí callados. Además fue una época mala. El trabajo escaso. Nos atrasamos un año, y al año, ¡tan! La llamada de un abogado:

»—¿Castillo?

»—Sí, señor.

»—Amigo Castillo, usted presenta una cuota de mora.

»Era el doctor Héctor Fabio. Fui a su oficina. Un tipo alto, grueso, ojos azules, cabeza cárdena clara, pulido para hablar. Resultó evangelista, o cristiano, como se llaman ahora para que la gente los escuche.

»Hermano Juan —dijo el abogado—. El Señor está contigo. Él está a nuestro lado, pero su ayuda nos la da en el cielo. Nosotros tenemos que ayudarnos en esta tierra de pecado.

»Y luego:

»—Jehová quiere que te ayudes aquí en la tierra, Juan. Para ponerte al día tienes que pagarme cien mil pesos mensuales.

»Quedé aburrido. A los pocos días, otra llamada del doctor Jehová: que fuera inmediatamente a su oficina, cerca de la plaza de Cayzedo, donde me había dado la primera cátedra:

»—El Señor Jehová, la corporación y yo somos tu única salvación. Y tú, o pagas o vas a perder el lote y la casa y todo, hermano en el Señor.

»—Pero es que no tengo trabajo y sin trabajo no tengo dinero.

»—No, Juan, mira: el Señor es un mundo de amor. Él te está dando la siguiente oportunidad: métete a un jueguito que yo acostumbro organizar en su nombre.

»Lo llamaba La Estrella de Belén. Un juego en el que yo podría conseguir dinero para pagar mi casa. Él decía cuánto debía poner yo, veinte mil pesos, imagínese si yo iba a tener tanto dinero. Veinte mil y si le llevaba más personas, por cada paciente que le entregara a él veinte mil, yo ascendía. Y si le llevaba varios, yo podría llegar a la cima, y si llegaba a la cima, podría tomar el dinero que me correspondiera.

»Según él, yo no tenía que trabajar sino llevarle almas justas que apostaran en ese juego inspirado por el Señor Jesús.

»Después supe que el abogado los acosaba a todos con la deuda, pero al mismo tiempo les daba esperanza con ese juego. Al comienzo yo tenía que llevarle a cinco cristianos de a veinte mil cada uno, y de esos cinco, cada uno tenía que conseguir otros cinco, de a veinte mil pesos cada uno, y así sucesivamente. Multiplique.

»Yo no jugué, porque si no tengo qué llevar a mi casa, mucho menos para darles gusto a los del cielo. Cuando él me pintó ese negocio me despedí.

En ese momento mi señora trabajaba en los almacenes Casa Estrella. Se ganaba el mínimo, unos doscientos mil pesos, y el doctor Jehová se puso en la tarea de hostigar todos los días con cartas, por teléfono, con mensajes, y como vio que a mí no me convencía, dijo: "Agarremos a la mujer que es la principal en esta deuda", y se dedicó a llamar a donde mi suegra:

»—Señora, ¿usted qué es de ella?

»—La mamá.

»—Aconséjele que venga a mi oficina por las buenas para que hagamos algún arreglo, porque esto ya se nos salió de las manos.

»A los dos días:

»—Marta, vamos a hacer un arreglo pero usted tiene que ser muy cumplida. Usted me va a traer a mí, si puede, cien mil pesitos y eso se lo vamos restando a su deuda.

»Cuando iban seis cuotas, dije: "Ahora voy a ir yo". Llegué a su oficina, le pregunté cómo iba nuestra cuenta y él me miró y dijo:

»—Siéntate, Juan; qué ingratitud la tuya. ¿Cómo estás?

»Me daba golpecitos en el hombro. Le dije:

»—Mi señora ha traído seis cuotas de cien mil pesos cada una. ¿En qué va la cuenta?

»—¿En qué va la cuenta? Hermano, la cuenta va como el Señor desea que vaya: tú estás abonando pero a mis honorarios. No pierdas tu tiempo. Lo que ustedes me han dado no sirve siquiera para aminorar los intereses.

»Jehová seguía dándome golpecitos en la espalda:

»—Hermano en Jesús, no te mates la cabeza. Lastimosamente aquí no juegan ni los sentimientos, ni las creencias, sino mis honorarios. Escúchame: lo que he recibido es parte de mi trabajo, pero lo que quiere Jehová es que te pongas al día.

Con la bendición del Señor, tienes que conseguir tres millones de pesos para que saldemos la totalidad de tus deudas con la corporación.

»¿Tres millones en ese tiempo? Eso para mí era oro.

»—Entonces, ¿nosotros hemos perdido los seiscientos mil pesos que le ha traído mi señora? —pregunté.

»—Pues, prácticamente sí, Juan... O no se han perdido porque, como te digo, yo también como, yo también tengo mis obligaciones y para eso necesito estos honorarios. Lo importante son los tres millones de pesos para que la corporación dé por finalizada la deuda.

» Le dije:

»—Si escasamente podemos entregarle a usted cien mil pesos, ¿cómo vamos a poder ponernos al día?

»En ese momento pensé: "Hasta aquí va a llegar la deuda porque yo no le voy a dar más dinero. Si no consigo tres millones, no saldré del problema. Entonces, dejemos que eso ruede". Ahí me desentendí de pagar.

»El hombre me dejaba en paz una, dos semanas, pero luego volvía a aterrorizar a Marta. Unos meses más tarde le dijo:

»—Este crédito va muy avanzado. Si no despiertan y pagan pronto, ahora van a tener que conseguir ya no tres sino ocho millones de pesos para entregarle a la corporación.

»—Pero si no pudimos conseguir tres millones, ¿cómo vamos a hacer con ocho? Hombre, ayúdenos, no nos perjudique.

»—Pero ¿yo qué más puedo decirles? Ustedes se descuidaron, totalmente se descuidaron. Mañana irá a su casa un perito a tomar medidas. Vamos a rematar esa vivienda. Señora: eso está en manos de un juez.

»Al escucharlo, ella se empanicó y empezó a repetir:

»—Maldición. Esta casa hay que entregarla, vamos a perderla.

»Y para rematar se incendió Casa Estrella y ella se quedó sin trabajo y la cabeza comenzó a llenársele de ruidos y empezó a lanzarlo todo por los aires, a alegar, que esto se va a acabar, que llegamos al fin.

»Y Jehová: "Presentarse inmediatamente en mi oficina porque en este momento un juez va a secuestrar su casa, los van a visitar, no se pongan nerviosos, firmen los documentos que sea, firmen lo que les ordenen, ayúdennos y ayúdense que el Señor los está ayudando, hermanos en Jesús".

»Todavía, a pesar de todo, nosotros estábamos convencidos de que Jehová era nuestro abogado y no el de la corporación.

»Bueno, como mi mujer era la que más daba la cara porque ahora estaba sin trabajo y yo consiguiendo aquí y allá para poder sostenerla y sostener a los dos niños y sostenerme yo, pues ella se vino abajo.

»Y el abogado aterrorizándola:

»«—Señora, usted tiene su casa perdida. Su casa salió a un remate.

»Fui al juzgado y me dijeron que no era cierto.

»¡Los remates! En este país todo el mundo sabe que están en manos de mafias peligrosas, conectadas con algunos abogados de las corporaciones, o con gentes dentro de las corporaciones, y con gente de los juzgados».

Según el Fondo Monetario Internacional, en Estados Unidos la gente paga su vivienda dos y media veces el valor inicial.

En Panamá, tres y media.

En Perú, cinco veces.

En Chile y Venezuela, seis y media.

En Guatemala y El Salvador, siete y media.

En Paraguay, quince.
En Ecuador, veintitrés.
Y en Colombia, veintiocho veces el valor inicial.

«A esta altura de mi ahorcamiento —dice ahora Juan— Marta ya no quería cocinar, se acostaba en el día, dormía y por la noche despertaba a los niños y les hablaba:

»—Muchachos, vístanse, vamos a ver unos apartamentos del conjunto cerrado con piscina. Vamos a verlos porque su papá, como esta casa ya no es de él, esta casa vamos a entregarla, tiene que tomar el mejor apartamento de ese lugar.

»Se levantaba y se iba a recorrer los conjuntos residenciales y a preguntar por apartamentos porque ella había perdido su casa y andaba buscando uno, y tal... Que ojalá fueran apartamentos con piscinas y que fueran conjuntos cerrados para que los niños estuvieran protegidos.

»Regresaba a las diez, once de la noche. Se le borraron las horas. Entraba a esos sitios y si podía desvestir a los niños y lanzarlos a la piscina, lo hacía.

»Ensáyenla porque ustedes van a vivir aquí —les decía.

»Pensando que se trataba de una futura propietaria, porque debido a la crisis había muchos apartamentos desocupados, los vigilantes les permitían hacer lo que ella decía, pero media hora después comprendían que estaba fuera de fase y los sacaban de allí».

«Empezaron a metérsele esa clase de cucarachas dentro de la cabeza y entonces dije: "Está enferma de la razón". Ya llegaba yo a la casa cansado a buscar comida y ella no estaba. Se había ido a deambular.

»Para mí era claro que a ella, viéndose en un hogar desbaratado, porque un hogar sin techo está desarmado, se le fue toda la ilusión de vivir. Por ejemplo, al verse tan hostigada por Jehová, se desesperó y creyó que nada en la casa servía. Ella decía:

»—Todo esto tiene más de tres años aquí, hay que regalárselo a los pobres. La biblioteca de los niños ya está muy vieja, hay que regalarla; esa cómoda con ese traje gris, regalarla con traje y todo.

»Una mañana se la regaló a un reciclador con las cartas de los abogados aterrorizándola, y con unos papeles míos. Por la tarde regaló la olla a presión con la comida que se estaba preparando.

»Otro día regaló una alacena con la loza y algunos regalos del matrimonio: dos vajillas, la plancha de la ropa, dos lámparas, un asiento del comedor:

»—Esto ya no es de nosotros. El abogado y la abogada dijeron que esta casa ya no nos pertenece, que tenemos que salir de aquí.

»La vi tan mal que dije: "Marta está demente. La voy a internar en el hospital psiquiátrico".

»Llegamos allá un martes por la noche. Pero por otro lado ya quien me atacaba no era Jehová sino Alba Lucía, su hermana, una mujer angosta y larga, pelo castaño hasta los hombros, también abogada contratista de la corporación. Los dos me habían consumido y pensaron que la casa ya era de ellos, de manera que siguieron jugando ping-pong conmigo. Ahora la que frentiaba era Alba Lucía, o mejor dicho, Salomé, como la bautizó mi tío, que es maestro, y un maestro sabio.

»—¿Por qué Salomé? —le pregunté un día y él me explicó:

»—Porque Salomé, la hija de Herodías, imagínate semejante joya, se quitó los velos frente a Herodes y eso le rebotó la libido al man, y él le preguntó: "Mamita, ¿qué quieres a cambio?". Y la hembra le dijo: "La cabeza de Juan el Bautista". "¿Por qué?", preguntó Herodes y ella, una mujer con mucho voltaje y hambrienta por el Bautista —el Bautista nunca se dejó llevar a la cama—, le respondió de una: "Por calentador y por hijueputa".

»Le entregaron a Salomé la cabeza de Juan en una bandeja de plata y cuando la tuvo se puso a bailar nuevamente pero con la cabeza agarrada por las mechas... Sobrino: la tal Olga Lucía está haciendo con tu cabeza y con la de tu mujer la rumba de Salomé. Para eso les pagan las corporaciones a los abogados.

»Bueno, pues la tal Salomé García dijo: "Ahora el problema es conmigo. Usted tiene que ir a mi oficina y mire a ver si nos va a entregar la casa en dación de pago, porque estamos a punto de rematarla".

»En ese momento mi mujer ya estaba interna en el hospital psiquiátrico. Estuvo allí mes y medio. Aunque la clínica es del Estado, cuando uno va, para que se la dejen ver tiene que llevar 50 mil pesos en medicamentos. Sin eso no me dejaban entrar. Al final me preguntaron cuánto era lo máximo que yo podía pagar para dejarla salir. Tuve que llevar cien mil pesos. La cuenta estaba creciendo mucho.

»En ese momento la mamá me dijo: "Yo le ayudo. Tráigamela a mi casa, yo la cuido y usted váyase a vivir con los niños". Me fui para donde mi mamá con los niños».

En 1998 el gobierno de Andrés Pastrana declaró el estado de emergencia económica y social, con el objeto de tomar una serie de medidas urgentes para dar solución a una crisis por la cual atravesaba el sector financiero.

Aquel sector venía de colapsar porque al prestar a intereses inalcanzables, la gente no podía pagar. La usura aprobada por el gobierno llegó a ser una de las más altas del mundo y las corporaciones y los bancos se quedaban con lo que hubiesen hipotecado: casas, terrenos, cualquier bien que les garantizara recuperar lo suyo. Esto

*condujo a que los bancos se saturaran de activos que luego no pu-
dieron siquiera administrar. Como consecuencia, el sistema quedó
ilíquido y el gobierno inventó un impuesto del 2 por 1.000 para
devolverle su solvencia. Desde luego esa carga tenía que pagarla el
de siempre: el que tuviera cuenta corriente y girara un cheque.*

*Pero ahí no termina la historia. Cuando finalizaba el gobierno
de Pastrana, al sector financiero le pareció «muy benéfica» la medida y logró que el castigo subiera al 3 por mil.*

*Según un análisis realizado por la Contraloría General de la
República en mayo del 2002, «La segregación de las ganancias en el
sector financiero muestra cómo las corporaciones de ahorro y vivienda fueron las que obtuvieron mayores utilidades y percibieron
en menor medida el impacto negativo de la crisis».*

*De acuerdo con el Ministerio de Hacienda, lo que el gobierno
llamó salvamento de la banca le proporcionó ingresos al sistema financiero por 4,8 miles de millones de pesos entre 1999 y el 2002.*

*Ese dinero equivale a 150 mil viviendas populares de 32 millo-
nes de pesos cada una, año 2003. Precio de Bogotá.*

La mañana de un domingo Juan me llevó a conocer a
Marta, su cara de puño, las manos en la cintura, los pies sepa-
rados. Una mujer que escucha y calla, o escucha e irrumpe.

La casa es vecina de un templo evangelista. Le pregunto
si acude a rezar y responde:

—A orar. Se ora, no se reza. ¿Usted es pentecostal?

—No. No sé qué es eso.

—¿No sabe? Los pentecostales no tienen casa, ni techo, ni
un carajo. ¿Usted no es pentecostal?

Silencio.

Juan pregunta de qué hablamos y ella lo mira de pies a
cabeza.

—De nada que a usted le interese... De religión.

—¿De qué religión?

—Será de la de Belén: Jesús nació en una pesebrera porque José, el papá, lo dejó sin techo. A Él y a María Virgen ese carpintero los dejó en la calle.

Marta vive aún en casa de su madre. Son las nueve de la mañana. Los hijos han salido en busca de la de un tío suyo en la vecindad. Juan los llama, con un silbido que debe serle familiar a todos pero no escucha respuesta.

—Desde temprano huyen del lado de la mamá —explica Juan.

—Necesito cien mil pesos ya. Me voy a comprar un bolso de marca en el centro comercial y unas medias de seda —interrumpe Marta.

—No tengo ni para... —trata de decir Juan.

Y ella:

—Yo necesito cien mil pesos para ropa fina.

—Para ganarme cien mil pesos debo descargar con la espalda cinco camiones de siete toneladas cada uno. ¿De dónde voy a sacar cien mil pesos?

Nos alejamos en busca del hospital psiquiátrico. Juan parece un hombre paciente.

—La psicosis de Marta es por mucho dinero. Es que en la corporación le pedían millones de pesos cada vez que iba, y los abogados solo le hablaban de millones o de quitarle su casa y ella se quedó con ese ritmo. Marta no tiene la culpa de su psicosis de dinero.

El hospital está en silencio a esa hora de la mañana. Muros verde claros con zócalos altos verde oscuros. Un patio central con flores. Atrás, un segundo espacio con plantas. Más allá, los enfermos. Ingresamos y mientras nos atiende un médico practicante, caminamos hacia el fondo.

—Aquí estuvo Marta dos veces —dice Juan.

Llegamos al fondo, un pasillo con zonas numeradas.

«Marta estuvo primero con los locos-locos. Yo creo que eso la empeoró. Cuando venía a verla me decía que ese no era su lugar. Y yo les decía a los médicos que lo que ella necesitaba era tranquilidad, pero aquí vale mucho dinero la tranquilidad. Mejor dicho: hay que pagar para que al paciente lo lleven a la sección de pensionados y yo no tenía ni un centavo. Ella permanecía en una celda con dos más. Mire: son celdas como las de las cárceles, y Marta allí mezclada con gente que se maltrataba entre sí, hombres y mujeres agresivos. Eso la acabó de joder».

Los pacientes están divididos en agudos, salas siete y ocho; recuperación, tres y cuatro; pensionados, uno y dos. Pensionados: habitaciones individuales, camas de hospital, sillas para los visitantes.

De regreso en la dirección, un médico joven que se especializa en psicología explica que no puede revelar nada de lo que sucede dentro de aquellos muros. De camino hacia su consultorio a través de una reja vimos a varias mujeres, una de ellas con el pelo recogido sobre la nuca, falda pequeña. No debía tener más de veintidós años, los muslos largos y blancos. No tiene calzones. Levanta una pierna y nos llama. Juan la mira:

—Aquí todos los paramédicos son hombres. Antes de que Marta abandonara este lugar por segunda vez, el rumor de los familiares era que algunos de ellos, o alguno de ellos, las inyectaba y las violaba. Los médicos lo negaron, se pusieron, ahí sí es cierto, histéricos, que qué calumnia, que qué irrespeto para con la ciencia, que iban a llevarlos ante la justicia por calumnia, por chisme, pero los familiares decían que sí, que sí. Y la mujer, una mujer también joven, que sí, que sí, que Tarzán.

—¿Qué sucedió?

—Qué voy a saberlo, pero... Yo pienso que a Marta pudieron haberle hecho algo parecido.

«Pasado el tiempo miré la evolución de Marta y era para atrás. Era trágico verla en el estado en que se encontraba. El decaimiento era total: dopada por completo, echando babas, silenciosa la mayor parte del tiempo.

»Yo iba y le llevaba su ropa, ropa buena. Al otro día ella tenía puesta la bata número siete, despeinada, demacrada, descalza, sin ropa interior, sin comer porque no le daba hambre: la mantenían dopada, charlando con un loco o con una loca.

»Algunas veces, de las celdas salían otras mujeres medio desnudas y me agarraban por los brazos tratado de meterme a un baño: "Venga, papito. Que me lo como, me lo como, hijueputa", decían en coro. Y Marta peleaba:

»—Alto ahí. Este no es marido de ustedes, locas de mierda.

»Pasadas dos semanas yo llegaba, y ella:

»—¿Qué hay?

»Como cuando uno trata de reconocer a alguien pero no lo reconoce del todo.

»Finalmente un día me reconoció y me dijo llorando:

»—Sácame de aquí, estoy muy mal pero no soy loca: estoy dopada.

Fui a donde un médico.

»—Mire —dijo—, ella está en recuperación, pero sacarla o dejarla es decisión suya. Ella puede mejorar en su casa si toma la droga como debe ser, o puede hacer crisis. Usted puede escoger.

»Nos la llevamos para la casa».

Juan y Marta ya habían construido la primera planta de su casa de sesenta metros cuadrados.

«Para rematar la obra negra de la casa —recuerda Juan—
tuve que embarcarme nuevamente en la Carnival. Me embarqué porque tenía la conexión y porque no me dejo derro-
tar tan fácilmente. Pero en cambio hay centenares que se van
al exterior con droga en el estómago, o se dedican al atraco, al
robo, al secuestro para conseguir cómo salvarle la casa a la
familia.

»Bueno, la historia es que Marta salió de la clínica psi-
quiátrica pegada a las drogas —continúa Juan y luego dice—:
ella aceptó tomarse los medicamentos durante un mes pero
una vez en la casa, nuevamente durante la semana y también
los sábados y los domingos y los días de fiesta, los abogados
de la corporación no dejaron de aterrorizarla un solo día:

»Marta pasaba al teléfono y la doctora Salomé:

»—Les vamos a quitar la casa.

»Salomé la aterrorizó tanto que Marta decidió entregar
nuestra vivienda: "Juan, salgamos de aquí que esto no es de
nosotros. Juan, tengo angustia, dejemos esto que esto es de la
corporación. Dejemos esto ahí, siento mucho miedo". Luego
se volvió agresiva.

»Tenía que irme con los niños. Tomábamos la calle y ella
se iba detrás y a la vuelta de la esquina se me abalanzaba a
quitármelos. Decía que ya se había quedado sin casa y que se
iba a quedar sin hijos. Claro, los niños le cogieron miedo a su
mamá.

»Llegaron octubre, noviembre y diciembre. Pasé ese diciembre con angustia. Yo ya no iba a esa casa. No la quería ver, no la
quería mirar. En enero volvió Salomé a aterrorizarnos:

»—Juan no me perjudiques más. A ti te dimos muchas
oportunidades y no las aprovechaste. Eso nos da a entender
que no te interesa tu casa.

»—¿Y usted cómo va a saber mis problemas? Por culpa
suya mi señora está en estado de demencia.

»—Esos son problemas familiares.

»—¿Usted cree que ha sido poco el terror que le han metido su hermano y usted misma?

»—Bueno, bueno, Juan. Aparte de todo esto, yo lo que quiero es que me digas cuando me vas a entregar tu casa.

»—¿Cuándo la necesita?

»—De inmediato. No puedo darte un solo día de plazo.

»—¿Y a usted no le parece un abuso quererme sacar de mi vivienda sin un juicio, sin la orden de un juez?

»—No, Juan. Es que aquí no está jugando el cariño entre la gente sino los intereses de una corporación muy seria. Mira: si no pagas, o no me entregas la casa, yo puedo perder mi contrato con la corporación.

»A las ocho de la mañana del día siguiente volvió a llamar:

»—Juan, tienes que entregarnos tu vivienda.

»—¿Entregarnos? ¿Por orden de quién?

»—Juan, tu casa ya ha sido rematada».

Aquella mañana, luego de abandonar el hospital psiquiátrico, anduvimos un par de calles y aunque Juan trató de escaparse de la imagen de su mujer allí dentro, semidesnuda entre las rejas de la sección siete, cayó en las historias de gente que también ha perdido sus viviendas.

—¿Gente pobre? —le pregunto.

—¡Qué va! Desde luego, gente como yo, pero también gente de estrato tres, y de estrato cinco y de estrato seis: los que eran ricos. Mire una cosa: el sistema de préstamos para vivienda nos niveló a todos: hoy nos tiene a los del uno y a los del seis por parejo, comiendo de lo que sabemos.

En Colombia, el Estado clasifica a la gente por *estratos*. Los veintidós millones de miserables («personas con elevada pobreza») en una población de cuarenta millones y cuya existencia acepta el mismo gobierno, no están en aquella escala. Los indigentes tampoco. Los pobres son estrato uno y los que fueron ricos —como dice Juan— se hallan clasificados en el cinco o el seis. Pero los estratos no tienen nada que ver con ventajas frente a los servicios de salud, ni con educación, ni con empleo. Según el mismo gobierno, en Colombia hay nueve millones de desempleados. Los estratos se refieren a pago de impuestos en uno de los estados más corrompidos del mundo.

—Comencemos por estrato tres —le dije a Juan, que pertenece al uno.

—Ah, pues ahí está la señora Marlén. Ella vivió en un conjunto de casas llamado Las Mercedes.

Tomamos un taxi y mientras atravesaba parte de la ciudad en busca del nororiente, irrumpió la historia de la señora:

—Unos cuarenta años, una hija, un sobrino pequeño y, ¿sabe qué? Pegada a un tanque de oxígeno.

Doña Marlén tenía trabajo, su sueño era dejarles un techo a la hija y al sobrino, pero las cuotas que le cobraba la corporación subieron tanto que no pudo continuar pagándolas. Luego perdió el empleo. Y después se le empezó a carcomer un pulmón. Mujer separada de su marido, con una casa que valía 45 millones de pesos y una deuda de 90, según los abogados de la corporación.

«Aquella mujer —explica Juan— les creyó a los yupis y a las chicas de minifalda de la corporación que realmente le habían vendido una casa construida con materiales finos, pero un mes después de ocuparla vio que solo eran materiales estrato uno y dos, pintados como las casas del cuatro.

»Hace siete años, ella comenzó a pagar 400 mil pesos mensuales, pero lo de siempre: las cuotas, y desde luego la deuda, superaron el precio de la vivienda y llena de terror por la presión de los abogados, una mañana no soportó la angustia y partió de allí con su hija y con el niño, desde luego. La casa quedó sola. La gente penetró y se llevó los baños, las puertas interiores, los vidrios».

La señora había buscado refugio en casa de una hermana y luego llamó a la asociación de los ahorcados y pidió ayuda porque sufría de un enfisema pulmonar. Le dijeron que regresara y ocupara nuevamente su techo. Así pues, un día regresó al pedazo de casa, otros ahorcados le repararon algunas cosas y continuó viviendo allí.

Ella llegó en el mes de febrero del año 2002 y falleció en enero del 2003, luego de haber amanecido y anochecido oyendo la voz de los abogados de la corporación que la amenazaban con sacarla de allí y le repicaban que esa casa ya no era suya.

—Recuerde —dice Juan—:

Aquí no está jugando el cariño entre la gente sino los intereses de una corporación muy seria.

Durante ese año «extra» de vida, la señora Marlén logró sostenerse gracias a sus vecinos, que hacían recolectas para pagar el oxígeno.

A los treinta minutos llegamos a una comunidad de casas pintadas de amarillo hueso, aledañas a una barriada conocida como Afganistán, y a otra como Palestina, dos «ollas» en las cuales usted no puede salir a las calles después del atardecer porque lo atracan.

En una de las cuatro callecitas le preguntamos por la señora del pulmón y su hija a la primera persona que cruza, y nos responde: «Sí, allá, en la siguiente» y llama a su marido.

—Nosotros tenemos tres días de plazo para irnos. Nos lanzaron de aquí —es el saludo del señor.

—¿Un juez?

—No, los abogados de la corporación nos hicieron firmar un papel en el que aceptábamos cinco días de plazo para irnos.

Por fin Juan parece alterarse:

—¿Y por qué firmaron? ¿Por qué aceptaron? —les pregunta.

—Porque llevábamos cinco meses de amenazas por teléfono, con cartas, con citaciones a sus oficinas, y francamente nos dio miedo.

—Pero, ¿por qué aceptaron las cuentas que les enviaba la corporación? No. Ustedes debían haberse asesorado de un abogado. A las corporaciones hay que llevarlas ante la justicia para obligarlas a reliquidar las deudas de la gente, pero como lo ordena la Corte Constitucional.

—Nosotros creímos en los números de la corporación.

—A ustedes no los ha lanzado de su vivienda un juez... ¿Cómo les dijeron que eran sus cuentas?

—Compramos la casa en obra negra por 35 millones de pesos y dimos ocho millones como cuota inicial; luego pagamos 20 millones de pesos en cuotas mensuales: eso suma 28 millones. Pero a la vez terminamos de construirla: otros diez millones de pesos en mejoras. Sin embargo, la corporación dice que hoy le debemos 120 millones más intereses, por una casa que compramos hace cinco años en 35 millones y por la cual hemos pagado sagradamente 20 millones, pero me quedé sin trabajo. Hace un mes nos dijeron en un juzgado que nuestra casa, tanta ilusión, había sido rematada por la corporación en 30 millones de pesos, cuatro veces menos de lo que nos cobraban a nosotros. ¿Y sabe una cosa? Después de decirnos que la habían rematado y ya no era de nosotros, la corporación nos cobró cuotas de mora durante dos meses más, —entra a su casa y saca las cuentas de cobro—. Aquí están, no decimos mentiras.

De la puerta vecina sale una señora. Nos mira. Vacila y finalmente habla. Se llama Efigenia.

—Estaba escuchando a don Luis. Nosotros también hemos perdido esta casa con la corporación, tenemos un mes de plazo para abandonarla —explica.

—Las Mercedes son setenta casas. ¿Cuántas están en aprietos?

Los tres se miran y habla Luis:

—Esa es una cuenta que llevamos todos los vecinos: hoy han sido desalojadas siete familias y 19 más están en proceso de remate. Ya las secuestraron los jueces. En Colombia hasta los jueces son secuestradores.

—¿Y la señora del tanque de oxígeno, su hija y su sobrino?

—Lina María, la hija, pereirana como la señora, es una muchacha de unos dieciocho. Una mujer con personalidad y de verdad, una trabajadora de miedo: se levantaba a las cinco de la mañana, hacía el cafecito del desayuno y el cafecito del almuerzo, una arepa o cualquier cosa para la mamá y el niño, y muchas veces se iba en ayunas a buscar trabajo. Regresaba a las siete hecha polvo. Tenía un gesto serio y según decía la gente, pensaba mucho. Esa niña tiene un corazón templado para enfrentarse a la vida, ¿oiga? Yo me acuerdo de ella: morena, alta, cinturita estrecha. Muy hermosa. Ella se fue para España a buscar trabajo y tratar de mandar algo y salvar el techo de su madre. Pero, carajo, seis meses después de su viaje murió la señora. Yo no sé cuándo lo supo ella, o si lo supo o si no lo supo. No sé más

—¿Y?

—Dos días después del entierro de la señora vino el abogado de la corporación con la policía y lanzó a la calle a un niño, a una señora que se quedó acompañándolos, tres colchones y una olla.

—Juan, tu casa ya ha sido rematada. Ya tiene dueño —le había dicho Salomé.

Un mes después Salomé García llamaba a las siete de la mañana:

—Juan, ¿mañana a esta hora podrás entregarme la casa?

«La corporación estaba vendiendo la casa en quince millones de pesos y a mí esa casa me estaba costando en ese momento más de 60 millones. Y Salomé:

»—A las buenas o a las malas mañana llegaré con la policía a desalojarte.

»Yo ya estaba afiliado a la asociación, pero en medio de mi angustia saqué mis enseres de la casa y cuando iba con la llave para donde Salomé algo me dijo que me fuera para Anusí.

»Y en Anusí:

—¿Por qué eres tan bobo? Regresa, mete tus enseres nuevamente a la casa y no le vayas a entregar llaves a nadie porque el dueño eres tú. Para pelear con la ley en la mano tú tienes que estar viviendo ahí. Donde les entregues el inmueble hoy, hoy mismo te quedas sin nada.

»Llama Salomé:

»—Juan, ¿por qué me fallaste? Aquí estoy esperándote.

»—Doctora, tengo a un abogado...

»—Si quieres las cosas por las malas, por las malas voy yo también —dice y arrecia su terrorismo.

»Al día siguiente llegó con la policía, pero no contaba con que conmigo había gente de Anusí cantando la canción de nosotros los ahorcados: "La vo a tumbá, La vo a tumbá", y tenían cartones con letreros: "No les quiten las casas a los pobres", y los niños llorando, y toda la vecindad dentro de la casa apoyando. Viendo aquello, Salomé se fue de allí. No he sabido nada más de ella, pero las madrugadas pienso que aparecerá nuevamente».

Entre Afganistán y Miami —zona de estrato cinco—, aquel domingo hicimos una escala en algo llamado el Bronx, en esta ciudad de emigrantes que entran y salen de los Estados Unidos con pasaportes reciclados. Son viviendas de un estrato cuatro que según Juan parece tres, porque se las está tragando la tierra.

El taxi se detuvo frente a un bloque gris de paredes agrietadas. Una colmena de apartamentos. El portero dice que quien hablará con nosotros será el administrador del lugar. A él le preguntamos por Luisa Loaiza y suelta así:

—¿La del piso tres? ¿Una morena, delgada y piernona? Cómo está de buena esa señora. No. Ella vive muy lejos de esta tierra.

Hombre discreto como buen militar ese Luis Hernando Palacios Vega, retirado de las filas del ejército hace un año porque el HP de mi capitán Vélez Osorio José Mauricio lo hizo echar de la institución.

«Luisa, unos veintidós o veintitrés años, estaba casada con un borrachín que andaba con cuanta vieja se le cruzaba por delante, y además de borrachín, de mal gusto, teniendo como tenía a su lado a semejante chimba de mujer. ¡Luisa! O mejor dicho, doña Luisa compró su apartamento ella sola hace seis años, decía que por 23 millones de pesos, pagó y pagó, pero llegó el momento en que no pudo pagar más porque las cuotas se subieron a 900 mil pesos mensuales y ella se ganaba más o menos un millón trabajando turnos dobles en una empresa. Manejaba computadoras y cosas de esas. Bueno, pues el asunto es que si ella hubiera querido arrendar el aparta-

mento, lo máximo que le hubieran dado eran 250 mil pesos al
mes, y ella tenía que pagarle a la corporación una cuota de
900 mil. Ahora: si lo hubiera tratado de vender, no le hubieran dado más de 28 millones de pesos y ella debía 44. Esa
mamita decía que su único pensamiento era morir bajo techo
propio. Pero lo crítico es que los posibles compradores no
querían venirse a vivir aquí porque unos narcoguerrilleros, o
terroristas, son la misma vaina, que viven por estos lados,
andaban diciendo que el edificio estaba hundiéndose. Negativo. Yo no sé por qué hay gente que habla más de la cuenta...
Ah, sí, son cuarenta apartamentos, pero ya los abogados han
echado a la calle a nueve familias, y cinco más están en las
puertas del remate. Bueno, pues el caso de doña Luisita es
muy tenaz: el mierda ese del marido, que siguió viviendo aquí
hasta cuando la corporación lo tiró a la calle, le dijo un día:
    »—Luisa, ¿quieres ir a España?
    Ella lo pensó y lo pensó y tal vez hablaron varias veces y
una mañana le contestó:
    »—Sí.
    »Él le explicó que debía irse a llevarle un regalo a un ami-
go. Que allá la estaban esperando para acompañarla a com-
prarle unos encargos de traer y como que le dieron dólares.
Y Luisita, mamita linda, se fue, entre otras cosas para descansar de ese hijueputa un par de semanas que duraba el viaje.
Pero, ¿sabe la tragedia? El tal regalo llevaba droga. Claro, a
ella la agarraron y la mandaron a la sombra. ¿Y sabe qué es lo
más cruel de todo? Que la corporación que les expropió la
casa es de españoles. ¿Cómo la ve?».
    En la esquina nos aborda alguien con nariz de hongo nu-
clear. «¿Uno de los terroristas de la vecindad?», me pregunto,
y claro, el señor se presenta como miembro del comité de vecinos que lucha por lograr que la corporación les reliquide
sus deudas, pero que lo haga de acuerdo con lo que ordena la

Corte Constitucional. Él vive en el apartamento 203 del edificio rojo desteñido, al fondo. Su lenguaje de terrorista:

«Según el artículo 17 de la Constitución Nacional de Colombia —dice—, nosotros estamos sufriendo la esclavitud financiera como costo por no perder la unidad de nuestras familias que es el techo. Mire: nosotros luchamos como podemos dentro de la legalidad, trabajamos el doble, el triple para poder pagarle a la corporación. Nosotros, de verdad, créame que somos esclavos del sistema de financiación de vivienda en este país».

«A Marta yo la perdí totalmente».

Juan saca cuatro fotografías y las ordena sobre la palma de la mano:

»Marta en las tres etapas de nuestras vidas —dice—. ¿La ve? Hoy es una persona destruida.

»A partir de la salida de la clínica Marta duró bien ocho días, mientras se tomó unas drogas fuertes que la mantenían durmiendo. Pero Salomé volvió a aparecer y se dedicó a presionarla todos los días por teléfono diciéndole que desocupara su casa, que les entregara su casa. El terror que le hacía a nombre de la corporación era cada día más cruel.

»Quedamos en la miseria. Una mañana nos fuimos nuevamente para el psiquiátrico. En esta segunda oportunidad estuvo dos meses y costó más de un millón de pesos. Mi suegra pagó ese dinero. Y yo con la casa, los niños solos, Marta en ese estado. "¿Para dónde cojo?", decía.

»Tengo que ponerle fin a esto. Tengo que definirme, o por Marta o por mis niños: si le doy a ella no les puedo dar a mis muchachos, yo trabajo mucho y gano poco.

»Estaba pensando en la comida de los niños cuando ¡tan! Que a pagar el agua, la luz, que hay que pagar en la escuela de los niños, que hay que sacar fotocopias, que hay que llevar una cartulina para la tarea.

»Pasado mes y medio, mi suegra vio que Marta había empeorado y preguntó qué más podían hacer por ella, y un médico respondió:

»—Paciente desahuciada. Hemos llegado a una conclusión: o le aplicamos choques eléctricos o se queda como está.

»Pregunté por las consecuencias y el doctor dijo, palabras más, palabras menos:

»—O ella mejora, o queda convulsionando... O queda boba. ¿Qué dice la mamá?

»—Que me la entreguen así. Yo me hago cargo de mi hija».

Al atardecer de aquel domingo llegamos a un barrio en los extramuros de Ciudad Jardín, comunidad de estrato cinco.

Harold, uno de los dos hijos de una familia que se resiste a la idea de la soga apretándoles el cuello, llena la superficie de una mesa con documentos. Lleva tres años estudiando la evolución del préstamo.

«La historia comienza en la abundancia de esta misma casa hace treinta años —dice, y luego continúa—: mi papá ha trabajado mucho y hace siete años dijo "ampliemos la casa". Un préstamo. Los de la corporación, qué gente amable, qué mujeres, perfumes importados, minifaldas, vestidos pequeñitos, ajustaditos, y además de todo, amabilidad. Un préstamo fácil. ¿Y las cuotas mensuales? Las cuotas no suben mucho. No estrangulan a la gente, ¿cómo se le ocurre? Ustedes comenzarán pagando 800 mil pesitos. Firme aquí, doctor Mosquera. Yo no soy doctor. Bueno, doctor Mosquera. ¿De qué hablaba? Ah. Según nuestras proyecciones —de gran precisión, calculadas por gente que ha estudiado en Miami—, dentro de diez años usted terminará pagando apenas dos millones de pesos al mes. Ahora firme estas copias. ¿Vio? Fue sin dolor, doctor Mosquera.

»A los cinco años nos estaban cobrando cuotas de dos millones de pesos. Nos habían prestado 40 millones y en ese momento ya les habíamos pagado 78. Quedaban otros cinco años por delante.

»Fuimos a la corporación a que nos aclararan algo sobre la deuda y la señora aquella del *¿Vio? Fue sin dolor, doctor Mosquera* —ya no era simpática— nos dijo lo que le dicen a cualquier ahorcado para salir pronto de él, cuando pregunta por una fórmula para calcular su deuda:

»—Señor: como hubo más de 160 sistemas distintos de amortización, unos ajustados a pesos, otros a UPAC, otros a UVR, determinar una misma fórmula para el cálculo de su deuda no es posible».

Comencemos por el comienzo:

«Estábamos iniciando la obra cuando la economía de la familia comenzó a destruirse. Por esa época el gobierno empezó a dictar normas en las cuales yo intuía que cada vez nos quitaban más posibilidades de defensa ante cualquier atropello, y nos restaban posibilidades de protegernos legalmente, y nos disminuían frente a las corporaciones, y nos lanzaban a dos caminos: tener muchos millones para pagar, o perder la vivienda. Le dije a mi papá: "Van a sepultarnos". Yo veía clarísimo que era necesario poner a la corporación frente a la justicia para que nos trataran, no como lo hacen con el común, sino de acuerdo con el mandato de una Corte.

»Estábamos en eso cuando empezaron a llamar abogados de la Corporación a meterle terror a mi papa. Para aclarar el asunto fuimos primero a sus oficinas y tratamos de hablar con la gerente, pero una vez que ellos saben que lograron engancharte, la gerente ya no te atiende, la subgerente tampoco, el secretario menos. Gestiones que conllevan tiempo y más angustia, más terror. Finalmente logramos hablar con un yupi y aclaramos que nos estaban cobrando un interés del 25 por ciento anual.

»Lo peor de todo es que mi hermana Silvia, una mujer sensible y por tanto de decisiones, tiró su primer trabajo porque estaba mal paga y decidió irse, como todos en esta ciudad, largarse digo yo para España con el sueño de ganar mejor y ayudarle a mi papá con esta deuda que nos va a aplastar. Silvia tiene ahora 24 años, es la que ha terminado pagando la mayor carga emocional de toda esta injusticia».

En Colombia ahora el Estado se refiere a una nueva estratificación social. Según ella, en un nivel inferior a los pobres están los «muy pobres», y más abajo, gentes «con elevada pobreza».

Hasta el 15 de diciembre del año 2002, ningún colombiano atrapado por el sistema podía saber cuánto les debería la mañana siguiente a las corporaciones: en el nivel de lo que llaman en Colombia «interés social» la gente muy pobre pagaba un 11 por ciento de interés efectivo anual, más la UVR que sube todos los días, por lo cual resulta imposible cualquier cálculo. La variación diaria de esa UVR fluctúa de acuerdo con la devaluación (diaria) de la moneda cuya carrera es incontenible.

Sin embargo, expertos de las mismas corporaciones estuvieron de acuerdo con que en ese momento los colombianos ahora muy pobres eran sometidos a un interés del 21 por ciento anual. Y los pobres al 25 por ciento efectivo anual.

En ese momento, los países de la zona Euro cobraban un promedio del 6 por ciento de interés fijo al año por créditos para vivienda.

Según el Banco Central Europeo y la Asociación Hipotecaria Española, estos son algunos índices por países:
Alemania, Italia, Holanda, Portugal, Finlandia, Dinamarca, Suecia, Reino Unido, 6 por ciento anual, cuota fija.
España, 7 por ciento, cuota fija.
Bélgica, Austria y Grecia, 7.5 en promedio, cuota fija.

«Yo aprendí con las víctimas que van a buscar ayuda en Anusí —más de ochenta casos, aquí están los documentos, dice ahora Harold—, aprendí que los abogados de las corporaciones empiezan por llamar a la persona, la acosan, la aterrorizan hasta que uno termina yendo a sus oficinas a buscar alternativas y allí el abogado le dice: "Voy a ayudarle. Vamos a suspender el proceso por dos o tres meses para ver qué resuelve usted en ese tiempo".

Pero lo que no saben los ahorcados es que esa suspensión del proceso debe hacerse por escrito. Entonces el mismo abogado de la corporación hace un memorial que, palabras más, palabras menos, dice que Fulano de Tal, "a través del presente escrito manifiesto a usted señor juez que me doy por notificado del mandamiento de pago proferido en mi contra".

»Allí le están poniendo al ahorcado una demanda que no existía y él la acepta.

»Y lo que el incauto no sabe es que, una vez notificado, tiene cinco días para contestar esa demanda —la mejor oportunidad de defensa que tiene—, pero él no lo sabe y no contesta. Y al no contestar se queda sin defensa y ahí se le viene todo en contra suya.

»Cuando un demandado se notifica y no contesta, inmediatamente da por ciertos los hechos de la demanda y el juez resuelve avaluar el predio y luego llevarlo a subasta pública.

»Pues nosotros nos negamos varias veces a firmar algo. Fuimos a la corporación una vez más, ahora a hablar de la reliquidación del crédito y apareció otra mujer remojada en perfume, minifalda, escote y por la boca del escote un par de limoncitos, realzados les dicen las viejas, como globos de fiesta infantil. Y para demostrarnos que era una dura, ponía cara de verdugo profesional:

»—Señor —dijo—, son tantas las variables en los créditos hipotecarios, que la reliquidación de cada uno de los miles que hay ahora podría considerarse un mundo distinto. Por eso, determinar una misma fórmula para todos los créditos es imposible.

»Como sentimos que buscaba confundirnos, decidimos hacer lo que deben hacer todos los ahorcados: poner a la corporación ante los jueces y pedir que reliquiden, pero con justicia.

»¿Sabe cómo quedaron las cosas? La corporación decía que nosotros le debíamos 90 millones de pesos, pero los peritos nombrados por el juzgado establecieron que solamente le debemos siete millones.

»Hoy llevamos diez meses esperando el fallo del juez».

Según la Superintendencia Bancaria y el Banco de la República, el sector financiero colombiano recibió del Estado en cinco años (1998-2002), un subsidio de 3,4 millones de millones de pesos, gracias a los TES, bonos de deuda pública.

La suma equivale a 115 mil viviendas populares.

Pero por otra parte, el Estado se habría ahorrado esa suma si el Banco de la República le hubiese prestado el dinero de los TES al Tesoro Nacional, sin necesidad de contar con el sector financiero.

Simplificando las cifras: solamente en el año 2002 el subsidio que por este motivo recibió el sector financiero del Estado, fue de 1,7 millones de millones de pesos.

Con esa suma se hubieran podido construir 57 mil viviendas populares para resolverles parte del problema a familias que, según el gobierno, se hallan «en estado de elevada pobreza».

Noche de domingo. Marta permanece algún tiempo en la casa de su mamá. Luego se acuerda de los hijos y viene por ellos y ellos se esconden debajo de la cama o le echan llave a la puerta. Le tienen miedo.

Todo lo que ella habla tiene que ver con techo, con casa, con su hogar.

Juan Castillo se alista para una nueva temporada en los buques de la Carnival.

Lina María

A Lina María, la chica pereirana que vivía en Cali, la encontré seis meses después en Alcalá de Henares, no lejos de Madrid. Es cierto: tiene dos ojos que taladran, morena, alta, como la había dibujado Efigenia en aquella comunidad de casas pintadas de amarillo hueso aledañas a «Afganistán» y «Palestina», territorio de bandidos que despiertan al anochecer.

No quise hablarle de la muerte de su madre pegada a un tanque de oxígeno cuando ella ya estaba aquí. Lo cierto es que Lina venía en busca del trabajo que le negaba su país, para poder salvar el techo que le quitaba su país, una urdimbre de sectas de funcionarios sin hígados.

Sin embargo, ella es quien pone el tema: «¿Una despedida? Qué va. Un calvario... Esa cara del niño». Y, claro, más tarde la cicatriz de par en par: «Es que uno no olvida eso. En cuanto más lo recuerdo, más lo vivo. Me parece que hubiese sido esta mañana. El niño: no me dejes, no me dejes, llévame». Y el oleaje de sentimientos: «soñaba con un mañana económico, pero la alternativa era dormir debajo de un puente con ellos o quedarme sin ellos por un tiempo... O seguir soportando la puñetera presión del abogado del banco desde cuando abríamos los ojos». Y la ilusión de tantas noches: «Mañana será mejor para nosotros. Tengo que arriesgarme porque se trata de salvar estas cuatro paredes». Mi madre en medio de la estrechez me había dado el ejemplo: ella luchaba, luchaba, hasta que los fuelles se le volvieron de cartón.

—Calla. Está jugando el Real Madrid.

—Sí. El equipo de José Miguel, mi compañero.

Enciende «la tele» pero no la mira y al menor descuido la estrangula. Recuerda haber llegado a casa de una amiga que se había venido antes. Marzo. Comienzos de primavera, pero hacía mucho frío. Traía yines, zapatillas y blusas para Cali, y desde luego empezó a congelarse. No tenía dinero para comprar algo abrigado. Le prestaron una chaqueta. Eso implicaba depender.

Con los reflejos de la pantalla descarga la espalda en un sillón y comienza a desarrugar una serie de recuerdos en cadena que empiezan por donde ella quisiera que realmente comenzara su vida: la llegada a lo desconocido.

«En el aeropuerto de Barajas sentí abandono, pero también un poco de ilusión. El solo tener que adaptarme a un cambio de horas y de climas y de sabores sobrecoge. Llegué un martes y al sábado siguiente ya estaba trabajando los fines de semana.

»Empecé cuidando a una señora de ochenta años, haciendo cosas que nunca hice ni por mi mamá, que estaba en una cama. A mi mamá había que atenderla como yo comencé con esta señora, pero el trajín, el acelere por trabajar en algo, por volver a la casa con algo, pues no permitía que pensara en otra cosa. La señora se llamaba Lolita.

»¿Cómo era el asunto? Pues yo llegaba los viernes a las dos del mediodía, le preparaba la comida, se la daba cucharada por cucharada y mientras le daba de comer tarareaba algo de por allá y ella abría los ojos, dejaba de comer, pensaba, mascaba la caja de dientes y cuando lograba desacomodarla y volverla a acomodar, me preguntaba de dónde era esa canción.

»Al comienzo, y el comienzo son varios meses, me costó aprender a manejar la cocina española, tan diferente a la nuestra, especialmente los peces, una variedad larga y diferente a los de nuestros mares, que a mí me parece, me parece, digo, que tienen un sabor más fuerte. Y digo que aprender eso me costó, pero no que me resultó imposible.

»Así iba la cosa cuando una tarde encontré a unas chicas colombianas en un bar. Venían en busca de un café, hablamos, tenían algún dinerito para conseguir un apartamento y claro, me metí en el cuento arriesgándome porque no sabía quiénes eran. Yo sentía que estaba incomodando en aquella vivienda y lo de la independencia era más importante en ese momento.

»Empezamos a vernos y a tomar café y de entrada sentimos que lo más tenaz era la falta de abrigo. Blusitas para Pereira o para Cali con el frío de comienzos de primavera... Otras no tenían colchón. Fuimos a la iglesia que está cerca de la estación del tren y allí encontramos a un cura buena gente que nos dio hasta frazadas, chaquetas, cosas de lana.

»El apartamento era amoblado. Fue muy difícil, muy duro conseguirlo. Imagínese, inmigrantes, pero además colombianas. Aquí al colombiano, dejémonos de bobadas, al colombiano le niegan todo.

»Quince días después vimos el anuncio de un periódico, pero en la agencia nos pedían constancias de ingresos formales y nosotras no las teníamos. Ellas hablaron con sus jefes, trabajaban desde hacía unos dos meses en restaurantes y uno de ellos se hizo cargo del apartamento —aquí le dicen piso—, aunque nosotras también firmamos el contrato y nos fuimos a vivir allí. En parte esta gente tiene razón porque los emigrantes toman un piso y le meten hasta quince personas.

»Para resumirle el video, al cabo del tiempo los arrendadores, un matrimonio, empezaron a conocernos. Éramos cinco mujeres que andábamos del trabajo a la casa y de la casa al trabajo, y pagábamos la renta en las fechas exactas en que debíamos hacerlo. Ni una queja de su parte. Todo lo contrario: estaban encantados. Cuando se venció el contrato lo renovaron sin un no. Es que ellos de pronto llegaban y nos encontraban preparando pataconas, platanito frito, cosas así y pudieron probar el agua de panela, la mazamorra. Los invitamos a una comida colombiana y les interesó. Después nos veían y preguntaban cuándo volverían a comer sancocho.

»Aquí tienen en la cabeza una película horrible de nosotros. Para ellos, las colombianas vienen a buscar a un español para vivir de él o a trabajar en prostíbulos. Eso somos nosotras para ellos. Su única frase es que somos peligrosas, y a uno eso le duele mucho. Mire: cuando me preguntan de dónde vengo, responden: "Ah, Colombia, la cocaína". Y yo les respondo: "Si no hubiera de eso en mi país, ¿qué haríais vosotros con vuestro vicio? ¿Acaso la coca no llega aquí traída por los carteles de Galicia para vosotros, los gilipollas que se la suerben?". Es que mire: aquí el vicio es impresionante. Aquí los niños desde los doce años están metiendo porro. Al porro le dicen chocolate: hachís que viene de Marruecos... Y nada: consumen droga como campeones. Usted va a cualquier discoteca y encuentra una de droga, que no vea: la cocaína es su pan de cada día, la heroína del Asia Central, que no falte; el éxtasis de Holanda, por kilos.

»Bueno, aquí el tema es que yo comencé ganándome 85 mil pesetas y la renta costaba 70 mil. La pagábamos entre todas. Dos de ellas se demoraron dos meses para conseguir oficio y las que trabajábamos les echábamos una mano. Una se fue de empleada doméstica a un chalet. Cuidaba a tres niños y a uno le daban ganas de llorar cuando regresaba los fines de semana con las manos casi sangrando por culpa de los líquidos que se utilizan aquí para limpiar. Sufría, y fuera de eso los niños la maltrataban. Niños como son muchos de estos niños: muy agresivos y muy racistas. Desde luego, no todos. Aquéllos le decían: "Gilipollas. Eres una india, tú no eres nada nuestro. Hija de puta, ¿por qué no te largas?". Desde luego, los sábados llegaba simplemente a llorar. A ella le pagaban apenas 60 mil pesetas y era un chalet de tres plantas.

»Otra de ellas cuidaba a una viejita, pero decía que para ella era horrible porque llegó a esa casa y los malos olores le taparon las narices. Por ejemplo, antes de llegar ella, le cambiaban los pañales a la señora y no los tiraban sino que los dejaban en las esquinas de la habitación. Y ella tener que llegar a manejar tanta mierda y tirarla, y estar comiendo algunas veces y en su cara la señora devolviendo lo del estómago, y tener que limpiarla y seguir comiendo... No pudo más.

»Las otras dos trabajaban como camareras: hostelería. Les pagaban 75 mil. A una española, 120 mil. Luego llegaron a un restaurante y allí les pagaron mejor. El dueño decía que le gustaban los colombianos por honrados y por los cojones de venirse y dejarlo todo. A nosotros nos emplean en estos oficios porque los españoles ya no quieren trabajar en hostelería. Como dicen ellos: quieren estar sentaditos, con un ordenador entre los dedos pocas horas y ganándosela completa. Los que nos llegan a conocer, se preguntan: "¿Por qué joden tanto al inmigrante si viene a hacer los trabajos que no

queremos? ¿Por qué no los dejan tranquilos si no le están
quitando el trabajo a nadie?".

»Yo pienso ahora que llegué a partirme el alma para salvar un techo. No lo logré. Estando aquí murió mi madre y lo
supe después. Sin techo y sin madre. Tenía que seguir palan-
te. Comencé una nueva vida y vi que esa vida me daba oportunidades y empecé a mirarme a mí misma y a decir: "Dios
mío, yo sí valgo". Y seguí. Hoy tengo que agradecerle muchas cosas a España.

»Después de comer, Lolita, la primera señora que cuidé,
hacía la siesta. En Colombia uno no tiene un solo segundo
para descansar y, claro, no estaba acostumbrada. Y como no
estoy acostumbrada, a esas horas, entre las tres y las cinco,
trabajo. Cuando ella despertaba yo le daba su merienda, una
fruta o una galleta con un vaso de leche, y después, venga:
con ella a la calle. Un paseo. Es difícil mover a una persona de
aquéllas: bajarla, subirla, llevarla apoyada paso entre paso y
luego regresar a casa, y a las nueve de la noche su cena: una
cremita o cosas livianas. Pero lo más duro era cuando llegaba
la hora de cambiarle el pañal o tener que limpiarle el popó
una, dos veces al día.

»Cosas que te duelen y te cuestan mucho en un comienzo. Y muchas veces, cuando estás haciendo eso, lloras porque
dices: "En mi país, así viviera económicamente muy mal, no
pasaba por esto tan áspero". Y llorar y decir: "Dios mío, ¿por
qué no lo hice con mi mamá y luego tener que venir a hacerlo
con alguien a quien no conozco?". Desde luego eso se hace
aquí por dinero, pero qué impresionante: tener que limpiarle
el popó a alguien que no tiene nada que ver contigo. Antes de
encontrarle el sentido a esto, la señora me parecía muy abu-
rridorcita. Se le iba la voz algunas veces y comenzaba a gritar
cosas, a llamar al marido que ya había muerto, a los hijos que
la habían abandonado, a decir incoherencias. Yo salía de allí

los domingos cuando comenzaba a atardecer. El resto de la semana la cuidaba otra colombiana.

»Lo que me parecía más difícil era la zozobra. Como yo estaba sola con ella, sentía miedo de tener que quedarme por las noches. Podría sucederle algo y entonces yo no dormía, además del miedo que me daba una casa tan grande y allí, en una habitación, las dos solas.

»A pesar de todo, uno termina tomándoles cariño a esas personas. A ella, como a todos los ancianos que he cuidado, terminé queriéndola. Cuatro meses después me retiré de allí pero continué yendo a verla.

»En un comienzo era difícil comer la misma comida suya hasta que a las dos semanas vino uno de los hijos, me imagino que vio el esfuerzo que yo hacía o la cara de hambre que yo tenía y cuando él venía, comenzó a preguntarme por mis gustos, qué necesitaba, qué quería y me lo llevaba. Creo que ahí comencé a comer bien y fuimos encariñándonos todos porque el señor vio cómo le trataba yo a su madre.

»Yo creo que aquí, en general, las personas son como muy faltas de cariño. Lo digo porque la gente la va muy mal con los viejos. A mí me duele ver el trato que les dan a los ancianos. El viejo o la vieja comienzan a canar y en el mejor de los casos les consiguen un piso para ellos solos, y los hijos se van a su aire y la solución es pagarle a alguien que no es de su familia para que los atienda. Después de cierta edad no quieren saber nada de sus padres.

»Hay viejos para los cuales los hijos solo esperan que ellos mueran para quedarse con lo que aún les queda. Tal vez por eso estas personas se apegan mucho a uno porque uno viene y les da cariño, los acaricia, los mima. Por ejemplo a Lolita yo la bañaba, la peinaba, le daba besos y ella se acostumbró y a toda hora era "un besito, un besito". Es que son seres humanos a los que de pronto nunca les han dado cariño y llega uno

con ese aire colombiano de solidaridad, de ternura, de calor
humano, y los familiares van descubriendo aquello y se sorprenden cuando ven ese comportamiento de alguien que no
es realmente nada de ellos. Y ellos, que son sus propios hijos,
los tratan como se trata a un mueble.

»Lolita parecía una niña. A la hora de comer "que no quiero, que no quiero". Y yo: "A ver, Lolita, vamos a comer" y le
hablaba más suave, más suave y finalmente terminaba dán-
dole todo cucharada por cucharada. Y ella feliz. Los domingos por la tardecita, cuando ella presentía que yo iba a salir
de allí, empezaba: "No te marches, no te marches. Quiero que
te quedes conmigo. Siempre".

»En ese momento yo me acostaba en su camita a verla
riéndose como una niña hasta que se dormía con dificultad,
tal vez por miedo a la muerte, porque tal vez temía no despertar, porque a esa edad la vida debe verse más corta de lo
que realmente es. Pero por fin se dormía, ahí, al final de la
vida, cuando yo le acariciaba la cabeza. Yo nunca me había
pescado el miedo que le siente un viejo a la cercanía de la
muerte. Esa es la soledad del viejo. Por eso "no me dejes, no
me dejes". O por las mañanas, o por las tardes, ella sola en el
salón llamándome: "¿Dónde estás? ¿Dónde estás? Ven, me
encuentro sola".

»En medio de todo esto, yo siempre tenía entre la cabeza
a mi mamá y a mi sobrinito. Siempre. Siempre: por la mañana, al mediodía, por la tarde, por la noche. ¿Por qué no hice lo
mismo con mi mamá? Pienso en ella y siento más soledad
que Lolita».

«Este mundo de los viejos… Voy a resumirle todo el video de mi trabajo con la cuarta señora que cuidé. Se llamaba
Carmen. Gente dura aquélla. Cuando llegué allí uno de sus

hijos, un ingeniero, me entregó un frasco y me dijo: "Debe usted darle de beber veinte gotas a tal hora y veinte a tal otra".

»—¿Qué son? —pregunté

»—Un tranquilizante —respondió.

»Para que la señora no les diera lata, querían mantenerla dopada entre una cama. Bien. Tantas gotas a las tal, y tantas... Cuando se fue el ingeniero, pensé: "A la mierda las gotas. Yo no soy capaz de envenenar a nadie". Pues no le di ni una. Escondí los tales frascos y me puse a hacer aseo. Aquello parecía... pues un muladar. Y la señora, un día sin gotas, dos días igual, y al tercero, cómo sería el estado en que la mantenían, al tercero Carmen abrió los ojos, miró a un lado, miró para el otro, luego me miró a la cara, parecía muy tierna, y me dijo:

—Guapa, ¿qué haces aquí? ¿Quién eres tú?

»—Yo soy Lina María y voy a cuidarte como si fueras mi madre —y ella continuó mirándome sorprendida y después de pensárselo y pensárselo, dijo:

—Ay, tan linda que tú eres. ¿Por qué me tratas así?

—Mi vida, es que quiero echarte una mano. Quiero cuidarte. Tú estás enfermita y yo estoy aquí para cuidarte.

»Había abierto la boca. Decía cosas. ¿Cuánto haría que la habían vuelto una calabaza? Un poco más tarde movió la cabeza, luego trató de estirar las piernas pero no podía. La ayudé y dijo "¡Ahaaaaa!".

»La señora olía fatal, la habitación olía fatal, la casa olía fatal. Y esa cama: creo que jamás habían lavado las sábanas, unas sábanas ennegrecidas, grasosas, húmedas. Le pedí al ingeniero unas sábanas nuevas y un colchón nuevo. Sonrió en son de burla y no trajo nada. La segunda vez le pedí lo mismo y él se puso serio. La tercera me puse más seria que él y dije palabra por palabra, muy golpeado:

»—¿Vas a traer las sábanas y el colchón, o no? Es tu madre.

Lo trajo todo.

»Desde el primer minuto vi que a ella nunca la duchaban ni le hacían aseo a su cama ni a su habitación. Debajo de la cama encontré una capa de motas de mugre y de pelos y de polvo. Desaseo viejo. Porquería acumulada desde hacía mucho tiempo. El piso era oscuro. En un primer momento pensé: "Madera vieja". Tomé un trapo con agua y detergente y vi que no. Madera en buen estado pero cubierta por una capa de suciedad como barro seco: pero un barro de polvo remojado en grasa.

»Este trabajo no puede ser con trapo —pensé—. Necesito una espátula, una cuchilla verraca. Fui hasta una ferretería cercana y regresé con la herramienta. Después de los primeros arañazos, vi aquello tan espeso que dije:

»Carajo, un azadón —y ella preguntó:

»—¿Para qué? ¿Qué vas a hacer conmigo?

»—Ya te lo he dicho: quererte y ponerte bella y poner bello todo esto.

»—¿Bello?

»Como pude, la levanté de la cama y me fui con ella en busca de la ducha.

»—No me mates. No me mates —gritaba.

»No estaba acostumbrada al agua.

»—Mira que te quiero poner guapa. Mira que vas a oler bien. Van a venir tus hijos, va a venir el médico y van a encontrarte linda.

»Ella me miraba, le temblaban los labios y me decía:

»—Vale, vale, pero poca agua, poca agua. Y que esté muy caliente.

»—Si la dejo muy caliente, te lesionará la piel.

»—Bueno, pero que no sea fría. Que no sea fría.

»Era tan bella que yo me la llevé hasta la ducha y hacía el esfuerzo de sonreír en medio del terror que le salía por todos

lados. La llevé casi arrastrándola. La sentía pesada como una
roca. Un cuerpo tieso.

»Al día siguiente, igual. Y al siguiente, igual.

»Al poco tiempo empezó a ayudarse, a dar pasos y el cuerpo a aflojarse un poco, y ella a ayudarse otro poco. Parecía
que hubiera descubierto el agua.

»Cuando salíamos de la ducha sonreía y se miraba las manos, los pies. Yo la vestía con ropa limpia, le cambiaba las
sábanas de la cama día de por medio y ella preguntaba:

»—¿Para qué lavas todos los días? No es necesario.

»Le compré champú y le hice aseo en el cabello. Las canas
ya no eran chocolate y grasa. La peiné y le di un beso y ella
me tomó por la mano y me dijo:

»—Ya sé quién eres tú.

»—¿Quién?

»Sonrió y me besó la mano.

»Una vez aseada le daba un paseo por toda la casa, una
casa grande para los espacios de las viviendas promedio en
España; luego le llevaba de beber algo calientico o un yogur o
un vaso con leche y ella empezó a mirar normal, a hablar normal y a decirme: "No quiero regresar a la cama". Una vez
tranquila y limpia, la dejaba en una silla y me dedicaba a hacer aseo por todos los rincones.

»Las hijas llegaron al siguiente fin de semana y pusieron
los ojos como platos cuando vieron a su mamá hablando,
moviéndose, sonriendo, bien peinadita. Mire: por aquello de
sus funciones del estómago, si había que cambiarla tres veces
al día yo la aseaba y le cambiaba la ropa tres veces al día.
La señora estaba impecable, era una persona. Ya se sentaba
con uno en el salón, pasaba a la mesa y ella solita comía —antes
tenía que darle en la boca— y eso era difícil porque tenía que
sentarme en el borde de la cama, apoyarme con una mano y
con la otra darle de comer porque ella no podía ni levantar la

cabeza. Sus hijos la habían vuelto eso: una calabaza. Y esa cara: esa cara ya tenía cara porque al comienzo era amarilla, como los cirios.

»La segunda semana se echaba —dicen aquí—, se echaba solo en el momento de la siesta, y luego por las noches a las horas normales y dormía perfecto.

»Manolo miraba todo esto. Manolo era su nieto, un muchacho esquizofrénico de 24 años que vivía allí con ella y con el abuelo. Es que el abuelo, un hombre de unos ochenta, también vivía en esa casa.

»¿Sabe por qué salí de allí? Por no saber planchar ropa... Es que el anciano era muy cansón y al cabo del tiempo me dijo que tenía que plancharles la ropa a los tres y yo le dije con toda sinceridad que no sabía hacerlo y por eso me chilló.

»—Si no sabes planchar, te vas pa' la mierda, india hija de puta.

»Me puse a llorar. Me sentía humillada y pensé:

»Dios mío, yo hago todo con cariño y este hombre me trata en esta forma. Me voy a marchar ya. Con tristeza, desde luego, porque la señora me quería.

»—Tú te portas conmigo mejor que mis propios hijos —me decía ella.

»Cuando Carmen escuchó al señor gritándome, lo buscó y le dijo: "A ella no me la trate usted así. Respétela que ella es inmigrante, de donde sea, pero para mí es mi hija y mire usted todo lo que ha hecho por mí. Desagradecido".

»El señor parecía arrepentido de sus palabritas y reculó: "Por favor, quédese usted", y yo le respondí simplemente "No".

»La señora me decía: "Hija, si quieres yo te enseño a planchar, pero quédate conmigo".

»El señor era un pesado. Mire: muchas veces yo estaba en la cocina y a pesar de sus ochenta años, se sacaba la polla, como dicen aquí, y empezaba a masturbarse y a decirme cosas. Y yo callada, me movía para un lado, para el otro y él detrás de mí, y hágase y hágase y tiemble y ju, ju, ju. Eso era tan horrible que yo solo se lo he contado a mi compañero. ¿Usted no cree que esa es una humillación peor que aquellos gritos? Eso le baja a uno el espíritu. Yo salía, volvía las espaldas y decía: "Dios mío. Bendito...". En esos momentos también pensaba en mi mamá. Por ella, la verdad, la verdad, no hice tanto, pero cuando yo me entrego a las señoras, a las que me entrego aquí, tal vez lo hago porque a través de ellas estoy cuidando a mi mamá.

»Cuando pienso en estas cosas, me parece creer que algunas veces a la que yo estaba mirando era a ella y lo que veía era la cara de mi mamá asfixiada, y le ponía más cariño al trabajo. Pienso que uno se pasa parte de la vida pagando... bueno, poniéndose a la altura de alguien que tal vez hizo lo mismo por mi mamá. Me imagino que por eso le pongo tanta pimienta a este trabajo».

«El esquizofrénico entró una tarde a su habitación y reventó de una patada la pantalla del televisor. Estaban en el informativo y él se quedó mirando a la presentadora, y luego gritó:

»—¿Te burlas de mí? Hijaputa —y azotó el aparato.

»La primera vez lo vi una tarde en la cocina y así, de entrada, sentí susto porque era una persona con una agresividad muy verraca; ahí sí es cierto: muy agresiva. Yo estaba en la cocina y el chico llegó, tomó un cuchillo grande y se fue.

»—Viejo, te voy a cargar, estoy harto de ti, me tienes hasta las narices, todo el tiempo gritándome —le gritaba al anciano.

»Yo decía:

»—¿Qué hago acá? Si me meto, es capaz de arrastrar hasta conmigo.

»Como ya la abuela caminaba, se interpuso como pudo, lo detuvo y se sentó a hablar con él en el salón, pero él todavía temblaba y chillaba, mejor dicho, gritaba.

»¿El abuelo? El abuelo se acojonó a morir y lo que hizo fue irse para la habitación y cerrar la puerta y ahí se quedó en silencio. Ni salió a comer más tarde.

»La abuela le dijo:

»—Por favor, hijo, contrólate. Sé que tu abuelo es un pesado, pero por favor, tienes que entenderlo. Mira la edad que él tiene, no es un joven talentoso como tú.

»—Sí. Posiblemente sí. Te doy la razón, abuela. Te doy la razón —respondió.

»Luego salí yo y hablé con él:

»—Manolo, ¿qué está sucediendo?

»—No, mira: es que estoy harto del abuelo. Todo el tiempo se lo pasa en plan chulo y yo no soporto más.

»—No. Entiende, no es para que te pongas en el plan de hablar de matar al abuelo y de matar a la abuela y de matarte tú. Piensa en lo joven que eres.

»Luego aprendí que esas personas en sus arranques hablan de matar y luego de matarse ellas. Se quedó tranquilo.

»Él tenía su habitación, mejor dicho, su sepultura, porque eso olía a cadáver. Él tampoco era un amante, que diga uno, amante-amante del agua y del jabón. Qué va. Esas sábanas, esa almohada, pero así mismo era un chico inteligente, pero con su enfermedad y más encima el agobio del abuelo jodiéndolo porque sí y porque no, sin pensar que un esquizofrénico como Manolo sufría ataques y en ellos podía matar sin enterarse de nada. Mire: más de una vez a los dos ancianos les tocó encerrarse en una habitación y asegurar la puerta por dentro, porque él se iba a la cocina, tomaba el cuchillo más grande y repetía que se los iba cargar. Yo terminé entendiéndolo por lo que hacía el abuelo. Ese hombre, Tomás, se mantenía hostigándolo, especialmente porque el muchacho no comía a las horas de comer sino picaba chatarra: papas fritas, refrescos, cosas así. Pienso que por falta de comprensión, Manolo tenía la cabeza tan desorganizada como la barriga. Y el tal Tomás:

»—¿Por qué permaneces todo el día comiendo? Vete a tomar pue'l culo, no estés comiendo todo el tiempo...

»Y cuando aquel hombre no gritaba a Manolo trataba mal a la señora, y claro: el muchacho, que adoraba a su abuela, reaccionaba a favor de ella y se volvía en contra del viejo pajuelo.

»Bueno, el muchacho reaccionaba siempre en contra del viejo y más adelante su agresión fue decir que no quería saber nada de comida, pero yo traté de metérmele por los laditos, como se dice, y entraba a ese sepulcro algunas veces y me sentaba a hablar con él, como a preguntarle cosas de su vida y de sus ideas:

»—Ve, Manolo, ¿tú por qué no sales un poco? Sal y vincúlate con la gente, tú eres una persona muy pensante.

»—No. Es que no me apetece.

»Tenía era un aparato, como una radio o algo así para comunicarse con las estaciones de radio y hablaba con ellas. Debía ser algún programa de ayuda o algo así y él era feliz. A mí me encantaba escucharlo porque él me veía llegar y se volvía un niño.

»—Lina, escucha —decía y me ponía las grabaciones de lo que estuvo hablando.

»—Escucha, qué maravilla.

»Yo no les ponía atención a las grabaciones sino me quedaba entre esa tumba por darles importancia a sus cosas.

»Bueno, pasaron una y pasaron dos y tal vez a la tercera semana ese cadáver vivo terminó duchándose porque él veía cómo yo llevaba su abuela al baño y fue interesándose, interesándose, pero no le insinuaba nada. Yo sabía que algún día él también iba a descubrir el agua tibia y como no dijo nada, una mañana me arranqué:

»—Tomás, báñese, no sea guarro. ¡Usted cómo huele de maluco! Vea: cámbiese esa ropa tan chorriada de grasa y de cosas sucias —le dije en plan de burla, y el chico fue dándose cuenta de todas esas cosas y tal vez antes de que se las dijera otra vez, una mañana pasó al baño y yo dije: "¡Hostia!". Y luego: "Sí lo puedo creer". Me acerqué a la puerta y escuché un silencio y por fin abrió la ducha y yo qué alegría.

»Salió sonriendo. No cabía en la casa. Le serví algo caliente y cuando terminó de comer, le disparé así:

»—Bueno, bañado, limpio. ¡Como un señor! Chico, ahora te hace falta rasurar esa barba de chivo viejo y comprar unos desodorantes porque si no, vas a seguir oliendo a chucha.

»—¿Chucha?

»—Así le decimos en Colombia a ese golpe de sobaco tan hijo de puta que tú tienes, Manolo.

»Me preguntó qué era de-so-do-ran-te y se lo expliqué y le dije que el olor de esos sobacos era muy fuerte. Entonces se quedó pensando y dijo que se iba para la calle.

»Cuando salió y comentó que iba a comprar de-so-do-ran-te, entré a su habitación y... ¡joder! Lo mismo que la de la señora: una capa de motas de mugre debajo de la cama: una nube gris de porquería y de tierra y de cuanto fuera. Y esas sábanas. Las tiré a la basura. Y esa funda de la almohada: a la basura. Le puse de las que trajeron para la viejita. Barrí aquello, le di la vuelta al colchón, tendí el ataúd y cuando salía por la espátula y el detergente para quitarle la capa de grasa al piso, el muchacho fue entrando más sonriente que cuando salió del baño.

»Venía con tremendo de-so-do-ran-te, lo destapó y le dije cómo pegarse con él un buen viaje en cada sobaco, y ya con esa habitación más o menos limpia —porque al día siguiente sí quedó limpia de verdad—, y con ese sobaco fumigado y esas medias entre lo más profundo del bote de la basura, Manolo se puso alegre. Al cuarto día salió sin barba, con esa piel blanquita. A partir de ahí, no es que se bañara así que uno diga ¡qué bárbaro!, pero bueno. Él entraba a la ducha cada dos días. Ya se estaba duchando, que era lo importante. Después se hizo cortar las mechas.

»Bueno, después Manolo entró más en confianza y cuando yo madrugaba a las diez y media de la mañana que era mi hora de llegar, él comenzó a despegarse la frazada, se acercaba a la cocina y yo le preparaba el desayuno: un cafelito y magdalenas, o leche y magdalenas que es lo que comen aquí a primera hora, pero los primeros días decía que no le apetecía. Entonces me sentaba a su lado:

»—Manolo, mira que es por bien tuyo, chico —y nos poníamos a hablar, y así fue acostumbrándose a que todos los días yo le preparara su desayunito. Y luego, a la una o a las dos del mediodía, lo mismo:

»—Manolo, es la hora de la comida. Ven.

»Dejó de picar chatarra y empezó a hacer sus comiditas a tiempo».

«Aprender a cocinar algo que uno no conoce me parece más que un arte. La comida española, bueno, no es mejor ni peor que la de uno. Es diferente. Las lentejas españolas son diminutas comparadas con las nuestras. Y se les ponen guarniciones diferentes, morcilla, cosas así.

»A esa altura del cuento, yo me movía mejor con las cacerolas. Les hacía diferentes clases de peces y en formas distintas: lubina o dorada a la sal, o merluza, rape, mero, bonito, filete de atún con patatas cocidas o con ensalada y mayonesa, o peces pequeños: boquerón frito, salmonetes, pescadilla, acedías, sardinas, bienmesabe, y comenzaron a comer mejor que la leche con migas de pan que era su dieta cuando los conocí».

«Cuando me fui, él se quedó muy triste, muy triste. Me pidió el número de mi teléfono móvil para llamarme y no sentirse tan solo. Al comienzo se comunicaba para preguntarme cómo estaba yo y para contarme que la abuela estaba menos feliz... pero feliz.

»Mi ida afectó a ese chico. Es más: cuando dije que me marchaba, se encerró en su habitación. No quería despedirse de mí. Yo lo sentí, de verdad que lo sentí, pero ahí me pesaba más el orgullo. O como usted dice: la dignidad. Yo siempre he tenido orgullo. Luego Manolo me llamó al móvil y me dijo: "Qué pena, pero en parte estoy contigo: mi abuelo es un tío muy pesado". Me dio las gracias una y otra y otra vez, y me hizo prometer que tenía que ir a saludarlos cuando tuviera tiempo.

»No regresé jamás porque trabajaba a toda hora y quería descansar un poco. Mire: es que tenía mi oficio de las siete de la tarde a las siete de la mañana en hostelería. A esa hora iba a casa y me acostaba a dormir. A las diez y media llegaba a donde la viejita y de allí salía a las dos y media. Regresaba a casa, comía, dormía hasta las seis y media, hora en que me levantaba, me duchaba y me iba como una bala para la hostelería».

José Miguel, el compañero de Lina María, es un hombre maduro pero joven que camufla su calvicie incipiente, y tal vez prematura, con un cabello corto y rubio artificial. Hombre locuaz como buen castellano. Viven en un pequeño apartamento de primera planta con pisos de madera que huelen a cera de carnauba. Es otoño, comienza el frío pero una ventana abierta en busca de aire limpio denuncia la mano de una pereirana, es decir, de una paisa. En Bogotá usted va por las calles antes de que amanezca y puede descubrir sus casas porque ya han encendido la luz y alguna ventana se halla abierta.

Dos días antes les había pedido autorización para hablar con ella y luego con José Miguel por separado y dijeron que sí. Un jueves lo vi en el mismo lugar pero me pareció que aquél era otro apartamento. Los muebles habían cambiado de sitio, el florero aquél, la reproducción de Picasso, la pequeña mesa con revistas y los sillones habían mudado de sitio. La luminosidad era la misma afuera, es cierto, pero adentro me pareció un poco más intensa. Se lo dije y él sonrió:

«Bueno, debe ser la del alma de Lina. Usted ya la conoce», empieza diciendo y luego, sin preguntarle más, sin hacer una pausa en la conversación descarga un corto monólogo: dice que no la ama; la adora. Estuvo casado y se separó once años antes de conocerla, pero después de haber mirado a muchas chicas, cuando la vio, creyó que el gesto, simplemente el gesto de alegría pero a la vez de sinceridad se había transformado en una descarga de electricidad. «Pero electricidad de los pies a la cabeza». Luego se asomó a ella. Era cálida, era solidaria y eso no lo conocía muy bien. Hoy cree que es plenamente feliz.

El sábado la vi a ella nuevamente. Contó muchas cosas de su infancia de luchadora, tratando de arrancarle a la vida lo que la vida, al parecer, no quería darle. Y se fue ganando sus espacios, igual que su madre. El último había sido aquel techo en el barrio de casas pintadas de amarillo hueso, pero la corporación se lo llevó. En fin...

Dice las cosas sin hacer del relato una tragedia y como la entrevista no cae en el melodrama, regresamos a José Miguel. Ella sonríe y cuenta:

«José Miguel llega de trabajar a media tarde. Cuando llega encuentra la mesa puesta, su comidita caliente, sobre la cama la ropa con que se va a cambiar luego de ducharse.

»Al comienzo hallaba esas cosas allí y me miraba y yo lo veía sorprendido, hasta que un día me dijo:

»—Para mí esto es increíble. Son cosas que nunca he vivido porque, por ejemplo, durante mis cinco años de casado yo llegaba y mi mujer preguntaba:

»—¿Tienes hambre? Ve a la nevera que allí hay embutidos y te preparas un bocadillo.

»Yo, por ejemplo, muchas veces le digo: "¿Te ducho?", y él responde: "No lo puedo creer. Esto para mí es algo increíble".

»Él tenía muy malas referencias de las colombianas por los comentarios de los demás. Sin embargo, comenzó a relacionarse con ellos desde cuando comenzamos a salir y así ha ido dejando la prevención que les tenía. Pero lo ha ido haciendo él solo, sin una sola insinuación mía, sin empujarlo a nada, sin disfrazarle nada, y a medida que va conociendo gente repite que estaba equivocado. Hoy ese tío vive encantado relacionándose con nuestra gente.

»Y dice que la vida le ha cambiado. Yo se lo creo. Por ejemplo, vamos a hacer la compra y él echa la yuca, los plátanos, el maíz para las arepas. Si pasa una semana y yo no preparo algo colombiano, él me dice: "Prepárame un sancochito". Y algunas veces cuando está comiendo deja el plato y me mira:

»—La verraquera que vosotros tenéis para veniros y dejar a vuestros hijos, a vuestras familias. Tú tienes los cojones que no tienen muchas mujeres españolas».

Además de todo, ¿de qué color será la lente que utiliza para mirarla a usted? —pregunto.

«Bueno, hablando de las mujeres dice que muchas españolas simplemente piensan en gobernar al hombre, y se van a casa a esperarlo el día que cobra el sueldo. Pero dice también que en cuestiones de sexo, ella lo trataba muy bien la víspera de cobrar o dos días antes. Y que estaba con él, usted me comprende, el día de "San Sueldo". Pero que una vez recibía el dinerito y empezaban a correr los días, comenzaba a echarse a un lado en la misma cama: "No me toques, tengo dolor de cabeza", o algo así. Y se pasaban veinte, veinticinco días a régimen de celibato, como dice él. Pero si ella quería hacer el amor y él no, a fuerza tenía que darle ese gusto fuera como fuera.

»El hogar... Él parece aterrado con estas bobadas. Me dice: "Vosotras sois muy entregadas a vuestras casas".

»Usted sabe que para nosotras lo más importante es que la casa esté limpia. A las seis de la mañana, que en España es algo así como la madrugada, una vez que él sale abro las ventanas: aire puro. Al comienzo yo no esperaba que saliera y, tras: la ventana, y claro, que mucho frío en invierno, que la temperatura congelaba. Tenía razón. Entonces comencé a esperar a que se fuera y abría esos cristales así fuese dos minuticos. Luego encontró que al regresar hallaba la cama hecha y yo estaba recién bañada, me baño hasta dos veces por día.

»Los españoles son tan bromistas, digo yo, que le preguntan a uno por qué los colombianos nos bañamos todos los días. Uno les habla del mal olor del cuerpo y no se enteran. Parece que no se dieran cuenta. Ellos se bañan pero en colonia. Y yo me los gozo.

»Eso no sucede con José Miguel. Él es muy aseado. Sale a las seis de la mañana y a las cinco y media ya se ha duchado. Llega a las tres de la tarde, y se vuelve a duchar. Ha agarrado mi ritmo y le dice a la familia:

»—Esta mujer es más limpia que el jaspe.

»La mamá está matada. Dice que por fin llegó alguien que lo centró un poco.

»Cuando hacemos la compra le llama la atención ver que me gasto buena parte del dinero en artículos para limpieza: yo compro fregasuelos, limpiacristales, desengrasantes, ambientadores, lejía, jabones, detergentes, blanqueadores, brilladores de metales, limpiadores de muebles, cera para pisos, todas esas cosas y él sonríe.

»A José Miguel todo lo que yo hago parece impresionarlo. Por ejemplo, llegar a la casa y encontrar todo muy limpio, que yo esté pendiente de su llegada y hallar la comida lista, y encontrar a alguien que le pregunta qué desea beber mientras comemos, aunque sea por cariño, porque en ese momento ya está esperando lo que le gusta, pues lo emociona mucho.

»Al comienzo decía que esta relación "le daba corte" porque había cosas que nunca nadie le había dicho: "Ven te ducho". O "Ven te afeito", cuando se lastimó la mano derecha. Y se quedó la costumbre. Por las mañanas muchas veces veo que se va a afeitar y yo: "Cariño, ¿te afeito?". Él sonríe y se deja. Es un hombre joven, pero usa tinte para el cabello. Yo soy la que le doy el tinte. Como lo aprendí desde niña, estoy pendiente de todos esos detalles. Así era mi mamá con mi padre. Eso jamás se olvida... ¿Cómo dicen en Colombia? ¿El hogar educa y la escuela ilustra? Pues sí.

»Mucha gente dice aquí que el español es mala gente, pero yo veo lo contrario. Qué va. José Miguel es un hombre culto. Muy culto.

»Ahora: yo trabajo porque quiero y porque no soy capaz de gastarme sus duros en nada mío ni en mis cosas muy personales. Cuido mucho su dinero. En la vida hay una cosa que se llama orgullo. Y otra, delicadeza. Se lo cuento a usted porque recuerde que yo tengo que luchar también por mi sobrino. Hoy él es una de mis metas».

Los muebles nómadas: le pregunto por qué cambiaron de sitio entre una visita y otra y antes de responder mira hacia todos los lados, se pone de pie, acomoda mejor la reproducción del *Guernica* de Picasso que se hallaba tres milímetros ladeada hacia la izquierda, pasa la mano por sobre la mesita y mueve la cabeza: «No, no tiene polvo» parece decir, observa las cortinas y toma asiento:

«En Colombia tenía la costumbre de cambiarles de sitio a los dos o tres muebles cada mes, cada quince días... Mejor dicho, cuando tenía ganas de animarme: la silla en un lado, luego al frente, el comedor diferente, la cama frente al otro muro. Cada mes una casa diferente. Para romper eso tan monótono que da la pobreza. Y aquí empecé a hacer lo mismo: de pronto él llega y encuentra la habitación diferente a como estaba acostumbrado a verla y se queda aterrado. Al siguiente mes lo mismo y dice: "No. Esto es magia". Y su hijo, un chico de catorce años, igual. Él viene aquí los fines de semana y se queda aterrado. Y desde cuando llega empieza: "Papá, mira cómo está todo. Esta es una tía de puta madre", porque yo también estoy pendiente de las cositas del chico. También entro a su habitación y la aseo, y le arreglo su ropita y sus cosas.

»Él me preguntaba:

»—¿Por qué cada vez encuentro mi cama en un rincón diferente, igual que la habitación de ustedes?

»—Porque todo debe tener movimiento. Me parece que así les voy ganando espacios a los espacios.

»Usted sabe que las colombianas en nuestras carencias hacemos magia con lo poco que tenemos, gracias a la imaginación. Mire: cada día soy más consciente de que a nosotros lo que nos sobra es imaginación.

»Y también juego con nuestras diferencias. No es que yo diga que hay algo mejor aquí que allá, o lo contrario. No. Qué va. Sencillamente somos diferentes y a eso hay que sacarle partido para vivir rico. Por ejemplo, ellos están enseñados a que a los perros calientes les hacen un agujero en el centro del pan y por allí meten la salchicha y luego le echan salsa de tomate. En verano nos fuimos a Torrevieja y una mañana les dije: "¿Quieren comer perritos como los comemos nosotros?". Bueno. Que sí. Y claro, el perrito bien calientico, salsa, cebollita, la papita estripadita, el quesito. Se lo comieron y quedaron matados. "Coño, lo que estábamos comiendo era una mierda", dijeron, como dicen ellos. El español habla así. Yo no creo que sea vulgar. Sencillamente es espontáneo. Para ellos lo que no les gusta "es una mierda", y punto.

»José Miguel es un gran compañero. Vive pendiente de mí, me trata como si yo fuera una niña. Sus palabras son «cariño, mi vida, mi amor». Yo digo que este hombre vale en oro lo que pesa, pero no porque me diga "mi vida", sino porque es educado... Y sensible.

»¿El contraste? Bueno. Yo le digo a usted que es muy duro ir por la calle y cuando alguien se la pesca, empieza: "Sudacas de mierda, indios hijos de puta, ¿por qué no os marcháis para vuestro país?".

»Claro, ha pasado el tiempo. Ahora estoy relacionada con muchos españoles y veo las cosas desde el otro lado. Los amigos que llegan a conocernos terminan admirándonos por nuestros modales, porque somos gente amable que, por ejemplo, dice "mil gracias", y ellos, que no están muy acostumbrados a estas cosas, responden algunas veces para reconocerlo:

"Con una basta". Y porque somos buenos trabajadores. Otro ejemplo pequeño es que aquí buscan mucho a los que trabajan en construcción. Uno pregunta por qué, y responden: "No, es que los colombianos lo hacen superbien, son unos artistas". Nuestros "rusos" tienen fama de buenos porque muchas veces, en lugar de aprender vienen a enseñar... Lástima que en Colombia no queramos vernos como somos».

Silvia

«Al atardecer de aquel domingo llegamos a un barrio en los extramuros de Ciudad Jardín, comunidad de estrato cinco en Cali. Harold, uno de los dos hijos de una familia que se resiste a la idea de la soga apretándoles el cuello...». ¿Recuerda usted aquella historia?

La hermana de Harold se llama Silvia. Silvia tiene cara de gata y olfato de gata: identifica sus querencias por los olores. Y ojos de gata, achinados, abiertos, brillantes. Y personalidad de gata: mujer independiente.

La encontré en Majadahonda, a una hora de Madrid o algo así. Era martes. Había llegado un par de minutos antes y jugaba con un pequeño vaso de vino entre los dedos. No lleva anillos. A su lado, una pareja de jóvenes se despidió del hombre que atendía la barra:

—Juan, que te follen.

—¡Gracias!

Al lado de su cartera había un libro de Antonio Machado. Lo abrí en cualquier página y de allí saltó un poema: «Amor es un siempre, siempre / La sed que nunca se acaba / Del agua que no se bebe». La estrofa era una maravilla para comenzar a conversar con alguien a quien uno no conoce, aunque desde cuando la vi adiviné que era ella por su sonrisa, una sonrisa de mujer colombiana, y por el color de la piel, mestiza, igual que la mía.

—En este momento, ahora, ¿cuál es su sed? —le pregunté.

—¿Mi sed? Son muchas, pero ahora hay una acompañándonos en esta barra: la lejanía. Es que cuando veo a alguien que viene de allá y sé que regresará pronto, siento una especie de cosquilleo en los pies. Quisiera regresar ya.

Su historia empieza por donde ella comenzó un poco más tarde, en un pequeño parque cercano al lugar donde trabaja ahora:

«Cuando mi mamá quedó embarazada —comenzó diciendo— por algo que no tiene que ver con estas cosas, pasó por Madrid y vivió un poco lo que es la migración. Ahí sucedió un ciclo muy interesante en mi vida: mi mamá me tuvo a los 25 años y yo a los 25 años volví a España en otras condiciones, desde luego, y ese ha sido para mí un sentimiento muy especial, porque desde cuando me bajé del avión en este país, pude sentir un poco lo que sintió mi mamá aquella vez.

Parte de mi tiempo de gestación fue en España. Mi mamá me contaba lo que ella iba viendo y cómo iba percibiendo cada día del embarazo, tal como uno se lo contaría a un ciego. Me hablaba de los olores, de los colores, de los sonidos.

De lo que ella describía recuerdo en este momento las estaciones. Yo nací en otoño, como ahora, y parte de su película tenía que ver con la diferencia entre estos climas y los del trópico, porque en el trópico existe la eternidad en el sentido de que allá todos los días hay día y noche, todos los días son

primavera, todos los días hay colores, todos los días hay luz.
La luz es tan decisiva en nuestros sentimientos... En cambio
en las estaciones hay una transformación, pero a la vez una
idea de que todo vuelve a nacer y yo nací en otoño cuando se
caen las hojas y los árboles parecen chamuscados. Mírelos.

»En el otoño pasado le dije a alguien: "Quiero ir al bosque
del Palacio Real en Segovia" y él me dijo: "Parece mentira.
Al sitio que más le gustaba ir a tu madre era a ese lugar".
Entonces comprendí que una parte de mi historia, una parte
de mi percepción del mundo estaba ligada a la manera como
mi mamá me había descrito los olores, los colores de algo que
yo nunca había visto pero había conocido a través suyo.

»Y fui a caminar frente al Palacio Real 25 años después, en
la misma estación, y sentí lo que sentía mi mamá cuando tenía 25 años y me estaba esperando. Y lo que me centró allí fue
el olor de aquel bosque, un sitio yo creo hecho para el otoño,
que huele a las hojas que van cayendo de los almendros y de
los tilos, que huele a transformación; ver el agua corriendo y
comenzar a percibir sensaciones que yo nunca había entendi-
do en mí, como por ejemplo la tristeza de la distancia, de sentirme lejos, que yo estoy segura, fue lo que impresionó a mi
mamá; ese estar en otro lugar ella y yo solas fue como algo
que hueles y dices: "Esto ya lo conocía". Y yo me imagino
que el dolor y la distancia en mi mamá fueron tan intensos,
que caminando por aquel bosque sentí sus mismas sensaciones profundas. La misma vivencia.

»Y entendí muchas cosas en mí misma, que no son de aquí
porque mis percepciones no son españolas sino cosas de estar lejos. Entendí por ejemplo que todo cambia, que todo flu-
ye, que todo pasa y que uno no se baña dos veces en el mismo
río. Lo entendí. Entendí lo de las estaciones en el sentido de
que uno vuelve siempre al mismo lugar; entendí que uno es
un poco como los judíos, que no son de donde nacen sino de

su madre. Yo soy de mi madre. Mi tierra es mi mamá. Si a mí
me preguntaran en este momento cuál es mi patria, yo diría
que es mi mamá. Porque ella fue como la maceta en la cual
sembraron mi semilla. Mi mamá era mi pedazo de tierra, mi
pedazo de país. Ella me transmitió toda la cultura que yo tengo, todo el sentimiento de país que tengo. Yo tengo un lenguaje materno diferente al de muchos niños que se van para
el extranjero y hablan otros idiomas, pero mi lenguaje es el de
mi mamá.

»Creo que una de las cosas más importantes de nuestra
cultura es el amor a la familia. Nosotros pertenecemos a una
familia extensa: tenemos abuelos muy cercanos, primos muy
cercanos, tíos muy pero muy cercanos. Eso es algo que uno
no siente en otros países. Aquí la familia extensa y además
unida es algo que habitualmente no existe. En estos países
tiran a los viejos. Nosotros no.

»Y cuando tú naces en una sociedad como la nuestra, no
naces solamente hijo; naces hijo, sobrino, primo, nieto, ¿sí?
De eso tal vez no te das tanta cuenta en Colombia, pero tú
allá naces dentro de una familia grande y eres alguien porque tienes amor para ti.

»Además de Silvia, a mí me llamaron María como a todas
las latinas. Y la percepción de Dios a través de ese nombre
creo que es algo muy nuestro. La cercanía con la Virgen es
una cosa muy colombiana y creo que mi madre me la transmitió, luego no es cuestión de irnos. Ahora que llevo un tiempo fuera me doy cuenta de que nosotros somos maceta:
llevamos un pedazo de tierra encima. Pobre la gente que vacía su tierra afuera y se queda sin dónde sembrar sus semi-
llas. Un pedazo de tierra que es idioma, tradiciones, raíces,
pero no dentro del olvido. Es que aquí lejos existen un olvido
y una soledad que te hacen ceniza. Este es un mundo que no
comprendemos, en el cual estamos terriblemente solos por-

que no pertenecemos a nada y siempre seremos extranjeros. Pobres los que se quedan lejos para siempre y olvidan su lengua, y sus hijos no tienen idioma materno sino el idioma del televisor. Gente que lo que quiere es olvidar su ayer. Otros no. Otros queremos regresar, porque si no entonces dónde vamos a sembrar nuestros sueños».

El aire helado nos lanzó de allí y en un nuevo escenario, el camino hacia su lugar de trabajo, hallamos un puesto de revistas y periódicos. En uno de ellos, su temática recurrente: «Prostitutas colombianas en la Casa de Campo». Pero por la Casa de Campo deambulan bandas de españolas, de africanas, de moras, de rusas, de brasileñas, de griegas, de húngaras, de yugoslavas. Aquella coreografía cambió el tono de la conversación:

—Tal vez algunas sólo encuentran ese camino para defenderse...

—Bueno, creo que uno siempre opta. La prostitución es una de muchas visiones. En Colombia uno escucha: «Soy un Castaño y tengo que asesinar a los que asesinaron a mi papá». Creo que yo no haría lo mismo. Pienso que uno siempre opta y pienso que tenemos que dejar de justificar. Pero por otra parte, pienso que no hay hombres putos pero sí mujeres putas. Es que la mujer está dispuesta a todo por sus hijos. Son mujeres que se vienen a buscar algo para darles a sus hijos: una casa, por ejemplo.

Yo pienso que la historia de las conquistas ha sido un poco eso: muchas mujeres han sobrevivido gracias a la entrega, que no es realmente una prostitución. En nuestra historia, en el hambre, muchos hombres se han ido a la guerra y muchas mujeres han optado por la entrega, porque es la única forma de quedarse con sus hijos y darles de comer. Si usted mira la China antes de la revolución, muchas mujeres optaron por la entrega para que no las mataran. Si mira a Cuba, también. Allí lo hacen. Hoy el caso de las cubanas es singular, porque además, ellas ni siquiera son prostitutas, son jineteras. Pero nuestra historia ha sido así en torno a la sobrevivencia de la mujer. Igual que las españolas hace unos pocos años según cuentan mis amigos. Según ellos, usted caminaba por el barrio rojo de Amsterdam o por Herbert Strasse, en Hamburgo, y el coro que parecía identificarlos era «Paloma», «Maricarmen»...

Es increíble que hoy esta prostitución nómada termine en España. Es nuestra historia: así logramos sobrevivir hace quinientos años y seguimos subsistiendo de la misma manera. Eso es lo más cruel que nos ha podido suceder. Es la paradoja de la historia. O sea que estamos condenados a repetir la historia y eso es muy triste.

Después de aquello vino el tema obligado de mi viaje: su destierro voluntario. Pero la entrevista con Silvia no resultó un perfil de su vida, sino una escanografía patética de nuestra sociedad. Ella era de estrato cinco hasta cuando los medianos empresarios, como su padre, comenzaron a empobrecer por causa del manejo de la economía desde el Estado, y ellos empezaron a vender una por una las propiedades, luego liquidaron su empresa, más tarde vendieron a cualquier precio piezas de arte conseguidas a través de tres o cuatro generaciones, después sus automóviles, pero finalmente se aferraron a una casa. Creen merecerla después de muchos años de lucha. Así descendieron al estrato cuatro, pero continuaron. En Colombia hoy la familia de Silvia va por el estrato tres.

Antes de la peste, ella se fue a estudiar a Bogotá. Aún podían pagar una universidad, y cuando terminó, se embarcó en algo que significa construir el futuro. Trabajó con niños, dentro de un sistema ideado y diseñado en Colombia para suplir las necesidades de afecto de las personas, «lo cual es más importante que el dinero o las cosas materiales que uno pueda mostrar», dice.

Pero estando allí, aparecieron los abogados de la corporación y con ellos el terror. En ese momento ganaba bien, podía vivir de su sueldo, pero acostumbrada como estaba a escuchar en su casa cifras de miles y de millones en torno a la deuda con la corporación, la cabeza empezó a manejar cifras de muchos dígitos y pensó en un oficio en el cual ganara más, para ayudar a alimentar al usurero. Pero allí nadie consigue trabajo, y mucho menos en algo que tenga que ver con la educación.

«En Colombia —dice—, la educación es un lastre. A los que manejan el país eso no parece interesarles. Claro, yo entiendo, educar significa ampliar la mente de las personas. Es decir, volverlas subversivas. Por eso el gobierno de Uribe toma medidas muy eficientes y muy aleccionadoras para destruir poco a poco lo que se había conseguido en muchos años. Hoy la prioridad es Seguridad Nacional: que acaben con la Orquesta Sinfónica de Colombia. Que cierren el Instituto Caro y Cuervo; desgraciadamente, fallaron. Que acaben con el Servicio de Aprendizaje, no pudieron, pero la táctica —¿o la estrategia?— fue debilitarlo... Pienso que para ellos un país se construye haciendo la guerra. Yo nací en medio de la guerra».

Como su prioridad era la seguridad de salvar un techo, se subió a un avión, pero al final del camino despertó: empleada doméstica en un chalet, aquí en Majadahonda, a una hora de Madrid o algo así.

La tarde de un miércoles —recuerda mucho el día— llegó por allí la profesora del niño menor de la familia y como ella se encontraba sola, conversaron. ¿De dónde venía? ¿Qué hacía en Colombia?

—Yo soy pedagoga —dijo—, aunque en realidad hice varios intentos: empecé a estudiar trabajo social en la Universidad Nacional pero me arrepentí.

—¿Por qué? —le preguntó la profesora mientras daba un paso adelante. Silvia le ofreció un café y aquélla dijo que sí. La profesora entró, tomó asiento. Comenzó a escucharla.

—En la mitad de la carrera tenía un buen pénsum porque veíamos todo, menos trabajo social —comenzó diciendo—. Veíamos economía, sociología, antropología, historia, psicología. Pasamos por muchas ciencias humanas, pero en la mitad apareció algo que llamaban concretamente trabajo social y allí se invertía todo. Dejamos de ver toda la generalidad de las ciencias humanas. Apenas en ese momento nos dijeron para qué servía aquello y, cuando lo supe, me arrepentí. Me desilusionó sentir que yo quería estudiar algo en lo cual pudiese ser útil en mi país. Es decir, que pudiera brindar una alternativa, alguna solución y esto de ahora me parecía algo como apagar incendios, «un bombero», dije, cuando hasta ese momento había creído que si se llamaba trabajo social serviría para trabajar en favor de la sociedad, pero no con mayores sino con niños.

La profesora se había olvidado de la dueña de casa. Parecía una lectora de almas y como la prioridad de Silvia era la seguridad de su techo, en su operativo creyó llegado el momento de atacar a fondo. Por fin comenzaba a conquistar milímetros de terreno en sus cinco mil kilómetros de viaje.

—¿En qué trabajaba usted antes de venir? —le preguntó la profesora y Silvia disparó nuevas ráfagas.

—Con niños que tienen déficit de atención e hiperactividad. Mi trabajo era ayudar a educarlos en sus relaciones sociales.

—¿Como en qué?

—En normas, en hábitos básicos que hoy en día ya no les enseñan. Hoy es muy evidente la falta de ese tipo de educación que la familia debería dar pero que no da. Hoy han cambiado los valores, las prioridades son otras

—¿Cuáles?

—Yo creo que se trata de tener un éxito económico y desde luego, meterse de cabeza en el consumismo. Se busca darles a los hijos ciertas comodidades: que tengan un chalet, que tengan estudios. Los padres se centran en eso, pero no en formarlos. Hoy se trata de tener, no de ser. Hoy ese es el sentido. Así nació la amigología, en lo que yo trabajaba.

—Cuéntame eso de amigología. Eso me parece novedoso —dijo la profesora.

—La amigología —respondió Silvia— ha venido trabajando en las bases que se necesitan para establecer relaciones entre las personas. En Bogotá, un científico llamado Alejandro de Zubiría ha preparado a varios pedagogos, pero realmente no había encontrado a una persona que viera aquello como algo normal y necesario, de manera que hizo varios intentos sin éxito hasta que aparecí yo, y pues sí, me gustó la idea, me puse a trabajarla y logré completar una cátedra.

El timbre de un teléfono cortó el diálogo. Era la dueña de casa, tardaría quince minutos.

—Silvia —le preguntó antes de cortar la comunicación—, ¿puede usted conversar algo con ella mientras regreso?

La profesora había tomado una pluma y anotado en su libreta: «Amigología». Cuando regresó, Silvia le indicó algunas palabras más y aquélla reanudó la conversación.

—Dime: ¿cómo crees que se relacionan hoy los niños? ¿Con agresividad?

—Aquí sí. En Colombia no es tanto cuestión de agresividad, a pesar de la situación de violencia según la cual quien sea más fuerte es quien triunfa. Aparentemente. Pienso, no estoy muy segura y no conozco nada de fondo, pienso que aquí triunfa quien tenga más. Sea como fuere, tal vez la solución pueda estar en enseñarles a los niños a valorarse a sí mismos, que reconozcan todas sus potencialidades, que se quieran como son, con sus defectos, con sus cualidades, para que en esa forma puedan también reconocer a los otros y al establecer sus relaciones, partan del reconocimiento que se les debe dar a las demás personas... Mira: no se trata de ocultar los complejos que tiene el ser humano. No. Es reconocer que a uno le faltan cosas. Si uno sabe de qué carece, sabe también qué tiene y sabe que hay soluciones. Eso ayuda a que la vida sea más feliz.

Solo dos días después, la profesora se comunicó con Silvia. «¿Le gustaría conocer la escuela?». Una vez allí, le presentó a otras personas y la que parecía más influyente le dijo luego de haberla escuchado cerca de una hora:

—Silvia, ¿dónde te hallabas? Queremos que te unas a nosotros y, por qué no, trabajarás con los niños. Pero además... Silvia, tú sabes cosas que nosotros queremos aprender.

Las notas de la segunda conversación con Silvia tienen un tono diferente a las anteriores y, a la vez, un tercer ritmo. El primero vibrante, el segundo racional, el último...

El último surgió la mañana del sábado siguiente, en una sala de la escuela donde ella trabaja, frente a una gran ventana. La luz brumosa de octubre apenas le iluminaba la cara de gata. Esta vez jugaba con los dedos sobre el mentón y comenzó por donde presumiblemente debería haber empezado su historia:

«Viví algunos días en la casa del hermano de una amiga —dice y sonríe varios segundos. Luego continúa:

Esa es una gran suerte porque aquí puedes ver lugares en donde alquilan las camas por horas. Llegas y te dicen:

»—Hay lugar para dormir de las seis de la mañana hasta las doce del mediodía. ¿Te viene bien?

»—¿Y a las doce qué hago?

»—Pues te vas para la calle, amiga.

»Me vine con una idea errada. Uno dice allá "No se preocupen, dentro de un año estaré de regreso, en ese tiempo conseguiré dinero para salvar la vivienda y ojalá un poco más". Por favor.

»En esos días conocí a emigrantes del Ecuador, del Perú, de Guatemala, a algunas colombianas y alguien me dijo: "Vete a Majadahonda, un sitio de chalets cerca de Madrid donde vive gente con buenos recursos económicos. Allí puedes buscar una oportunidad".

»Aquí tenía que olvidarme de que yo allá había estudiado lo que fuera. Podía tener posgrado o magíster o lo que fuera, eso no sirve al comienzo para nada. Es posible que con el tiempo y si corres con mucha suerte llegues hasta aquí, una pequeña escuela de educación privada. ¿Y?».

Luego viene un discurso sobre la independencia y la soledad. Ser independiente es tener el genio y la capacidad de poder determinar su propia vida. Lo otro es la soledad. Odia la soledad. No, no la odia: siente que la derrota y, en esas primeras de cambio, el tiempo que pasaba y la soledad sacaron las uñas.

Sin embargo, conoció a Ana María, una amiga extraordinaria que terminó siendo más o menos como un refugio para ella.

Cuando llegó a este punto guardó silencio, detuvo los dedos sobre los de la otra mano, se los miró y luego se marchó. Regresó con dos tazas de café y mientras acariciaba la

suya como calentándose con ella, se embarcó en una historia
que podría ser común a tantos desterrados:

«El 18 de diciembre —dijo hablando lento—, Ana María
se fue con su novio a comer en un restaurante por la carretera
a La Coruña y a las diez de la mañana del día siguiente me
llamaron por teléfono; alguien de donde ella trabajaba me
dijo que había ocurrido un accidente con muertos y que la
descripción de la ocupante de una moto era la de Ana María.

»Después la reconocí a través de una fotografía de la cara
del cadáver, una cara que en ese momento no quería seguir
viendo y preferí la de un policía que me dijo: "Para su tranquilidad, ella murió en forma instantánea".

»Era una chica de veinte años que se vino llena de sueños
y ahí estaban los sueños: una mirada perdida, un pavor, una
cicatriz. Pero en medio de esa imagen atroz, me pareció descubrir a la vez un gesto de tranquilidad. Yo pensaba en tanta
lucha perdida.

»Cuando volví de aquellas oficinas, llamé al consulado
de Colombia, les conté la desgracia y pedí una ayuda.

»—Lo único que podemos hacer es llamar a la familia
—respondió una mujer, por cierto muy displicente.

»Con sus compañeros de trabajo, todos españoles, empezamos a recoger dinero. Hicimos afiches con su fotografía y
los fijamos en los locutorios, que como usted sabe, son cabi-
nas telefónicas a donde concurren los colombianos. Allí recogimos algún dinero.

»Dos semanas después, el 31 de diciembre, cuatro colombianos la llevamos al aeropuerto.

»A las cinco de la mañana recogimos el cadáver en la mor-
gue, con ese frío de invierno, con esa oscuridad. Íbamos en
un coche detrás del carro mortuorio. En el aeropuerto de Barajas, entramos a la zona de carga de la aerolínea, entregamos
unos documentos y me dieron sus cosas: una cámara foto-

gráfica, unas botas , una ropita arrugada, y rezamos algo mientras izaban con el resto de la carga un ataúd de metal forrado de negro, con cremallera negra. Sentía un frío espantoso, a pesar de los guantes y de la bufanda y de la chaqueta de invierno. Yo no tenía botas. Me quedé con las suyas.

»Fue un fin de año de mucha depresión. Yo la veía a ella con cara de pájaro, con cara de piedra, con cara de lágrima, de lo que usted se pueda imaginar. Ese Año Nuevo se unieron la lejanía, la muerte de Ana María, la falta del país, el clima, esa luz de invierno que parece de luto —al mediodía la luz se parece a la de las seis de la tarde en Colombia—, mi vida que arrancaba de ceros y sin expectativas a largo plazo.

»Ese diciembre yo añoraba todo lo nuestro: no hay noche de las velitas. El día de Navidad la gente celebra encerrada en sus casas por el invierno. En Colombia uno busca la calle, las plazas donde hay una explosión de alegría, música, luces de colores en las avenidas. Me hacen falta mi salsa, mis amigas, mi época de estudiante. Pienso que allá está mi vida pero, por ahora, me encuentro condenada a adaptarme a una nueva cultura. No hay marcha atrás. ¿Cuándo regresaría? Cuando haya unos cambios radicales que humanicen el país, pero yo no los veo ni a corto ni a mediano plazo y mi vida ya se está acercando angustiosamente al final de la productividad si no sigo adelante con mi verdadera profesión que es esta nueva pedagogía y para eso hay que investigar, hay que estudiar más, tengo que escuchar mucho más, ampliar esta mente todo lo que sea posible. Aquí, como en Colombia, una persona es vieja a los treinta y a partir de ahí nadie te da trabajo. Si pienso en esto sé que mis expectativas laborales son angustiantes, aun para los mismos españoles, aunque un simple obrero aquí tiene su piso y tiene su coche. Con eso lo que quiero decir es que encuentra espacios. En cambio allá yo lo perdí todo, mi familia lo perdió todo. ¿Por qué? Ahora no quiero decir nada de eso porque mirándolo a usted me parece estar en Colombia, y allá, por lo que leo en los diarios y veo en la tele, como dicen acá, recordar se volvió subversivo. Yo tengo la impresión de que el gobierno de ahora no mira ni la ecología como en todos, en absolutamente todos los países del mundo, sino como subversión. Hace dos meses leí en *El País* de Madrid que un jefe de policía, o un ministro —ahora son como lo mismo, ¿verdad?— dijo en Bogotá que los partidos verdes eran bandas de terroristas».

Estaba rumiando su rebelión interior cuando la sombra de una pareja de jóvenes cogidos por las manos cruzó por un patio que se asomaba al otro lado de la ventana y aquella imagen la sacó del tema, porque entonces los siguió con los ojos hasta cuando desaparecieron, y me pareció escuchar que decía algo como «andan exorcizando la soledad». Se lo pregunté y dijo «Más o menos. Es que algunas veces me timbra algo aquí adentro y me pongo cursi. Lo que dije fue «El exorcismo de la soledad».

El día que la conocí en la barra de aquel bar tomándose un chato de vino, no recuerdo bien por qué apareció la figura del compañero, pero ella le salió al paso con aquello de que cuando uno ha aceptado su propio destierro, y en esa trashumancia halla un trabajo, se entrega tanto para no perderlo que no le queda tiempo ni para pensar en una relación. Sin embargo, el tema había quedado aleteando:

«Sí —dijo—, en el fondo uno añora siempre una pareja... Lo conocí luego de llegar. Lo conocí en una discoteca. Yo estaba con Ana María y su compañero, y de pronto se acercó a nuestra mesa y me dijo:

»—Hola. ¿Cómo te llamas?

»—Silvia.

»Y luego, que la salsa y todas esas cosas, y de pronto:

»—Ven te enseño mi coche. Está afuera.

»—¿Un coche? ¿Para qué quieres mostrarme un coche? ¿A mí no me interesan esas cosas sino la manera como pienses tú, que eres un ser humano.

»—Pero es que tengo coche...

»—¿Y qué?

»Ese *qué* me salió como soy yo: espontáneo, a lo mejor muy cortante, y claro, él se descodificó.

»—¿Un ser humano vale menos si va a pie? Por favor. Hay tipos que conducen Fórmula Uno, pero son tan pobres que solamente tienen coches. ¿Por qué dices esas cosas? —insistí.

»—Porque si te decía que no tenía, pensaba que no querrías bailar conmigo.

»—¿Y?

»—Nada, que yo no tengo. Te iba a mostrar uno que traigo, pero no es mío. Me lo prestó un amigo.

»—¿Para qué?

»—Porque si aquí uno no tiene coche, no liga a las mujeres, —dijo. Se enamoró de mí».

Luisa

Luisita, o mejor dicho, «doña Luisa, esa mamita morena, delgada y piernona», como la describió el sargento retirado del Ejército Luis Hernando Palacios Vega, ni continúa viviendo en el tercer piso de un edificio que se está tragando la tierra en el Bronx de Cali, ni es dueña de ese apartamento que compró y pagó más de una vez, porque una corporación de ahorro y vivienda se lo expropió luego de su partida.

Doña Luisa tiene ahora veintisiete años y de la ráfaga sin tregua con que mi sargento (erre) Palacios Vega Luis Hernando detalló sus medidas, lo que lo fija a uno es el primerísimo plano de una risa callada que la condena a ser bella.

En lo que mi sargento (erre) dio en el blanco fue en las descripciones de su marido y de su esfuerzo. Él es lo que se llama un bacán: mucha rumba y la casa sin barrer. Vivían allí porque ella tuvo los suficientes cojones para medírsele a la corporación el día que compró el techo por 23 millones de pesos. Luego pagó, y pagó, y pagó, pero al final debía mucho más de lo que valía el apartamento y como centenares de ahorcados, probó suerte en España. También soñaba con salvar el techo.

De las tres, ella fue la única que pude localizar sin mayor dificultad porque tiene permanencia. El día que nos comunicamos escuché a alguien que hablaba con la seguridad de quien no huye de su pasado. Luego, cuando la conocí en Madrid un mes más tarde, yo no sabía lo de la cárcel, ni los secretos que rodearon el último regalo de su marido. Bueno, para ella nada es secreto en torno a su vida.

Una mañana, al despertar, el bacán le preguntó si quería conocer a España y estar allí un par de semanas y lo primero que recorrió su cabeza fueron esos quince días lejos de él. Por la noche se repitió el cuento. Se trataba de traerle a un amigo español unas botellas con licor y de recibir algunos dólares. ¿Para qué? Para que se comprara un par de zapatos y un vestido o algo barato que le cambiara esa fachada de pobre que arrastraba desde cuando resolvió gastárselo todo en la tal corporación, una sinvergüencería que lo único que ha traído a esta casa es la invasión de abogados y de mensajeros con aire de sicarios expertos en amenazar a la gente. Desde luego, debía medirse con la plata porque, además, debía comprar encargos para quienes habían entregado el dinero. Y cuidado con llegar allá a beber y a conocer hombres. No le podía aceptar paseos ni invitacioncitas a salir a nadie, ni siquiera a su amigo, el de las botellas. Eso tenía que quedar muy claro, porque luego él se enteraría de cuanto hiciera en esta ciudad desconocida.

Ella dijo que sí y diez días después cambió de avión en Bogotá. Allá hizo su aparición otro amigo del amigo español y le entregó una pequeña caja con tres botellas de licor. «Es ron», pensó, y la recibió.

El final es sencillo. Al llegar al aeropuerto de Barajas le preguntaron con el desdén que siempre nos preguntan:

—¿Colombiana? Pase al fondo.

Y en el fondo:

—¿Qué trae ahí?

—Pues licor.

—¿Licor? Vamos a ver.

Las botellas contenían droga.

La historia es la misma que ella le contaba hace un par de años a quien no se la preguntara, hasta que alguien le dijo: «Ya está bueno aquello de lavar el pasado».

Y dejó de contarla hasta la tarde que la vi en una esquina del Paseo de la Castellana con un vestido rojo que sobresalía en la medialuz del atardecer. Tenía una mano escondida detrás de la espalda y sonreía con ese silencio antiguo de alguien a quien usted conoce desde siempre. Doña Luisa es una mujer que va por la vida buscando el lado sencillo de las cosas. Piensa que lo sencillo es estético. Y feliz.

Desde luego, sus primeras palabras aquella tarde regresaron a Colombia, gentes desposeídas soñando con un techo, Corporaciones implacables pescando en ríos de necesidad. La necesidad es angustia y humillación y, claro, un gran negocio. Un fabuloso negocio para la... ¿cómo dicen? ¿Brigada? ¿Batallón? Debe ser casi lo mismo. Para esa brigada de agiotistas que han construido un Estado más poderoso que el Estado, decía ella, pero una calle adelante calló y luego señaló las torres inclinadas de la Plaza de Castilla que asoció con el edificio de los juzgados. Así surgió lo de la cárcel porque por allí llegó a Yeserías, el primer lugar de detención que conoció en España.

La interceptaron a eso de las once de la mañana luego de bajar del avión y a las cuatro de la madrugada llegó allí con la idea fija de comunicarse con Cali. Se lo permitieron, escuchó la voz del marido y le dijo que la habían capturado. Era una terrible crueldad... Comunicación cortada.

Durante los primeros cuatro meses lloró. Estaba en un pabellón tipo militar, literas dobles, puertas con barrotes, sonido de acero que choca desde muy temprano en las mañanas, toda esa parafernalia que han agotado millares de relatos carcelarios, pero doña Luisa la cuenta con el aire del primerísimo plano de su sonrisa:

A los cuatro meses decidió trabajar en alguno de los talleres de la cárcel. Entonces se había metido dentro de la cabeza que aquello no iba a perdurar y que en aquel lugar tenía la posibilidad de quemar ciclos, estudiando un poco más en el área de sistemas que era lo suyo, pero como la vida no es coser y cantar, le echó mano a lo primero que le permitieron: un curso de estética. Arreglo de uñas en manos y pies. Que venga.

Una vez en el salón de juntas de su oficina, lleno de luz y en un silencio que asustaba porque era viernes y la gente acababa de marcharse, las secuencias de su relato fueron dibujadas a medida que las vivía nuevamente:

«A partir de allí me mentalicé pensando que aquello era un internado en el que iba a estar solo un tiempo —dice—, pero adentro quise ser siempre la misma. Me levantaba, me duchaba fuera invierno o verano, me maquillaba y alguien preguntaba:

»—¿Usted para dónde va?

»—A trabajar. El que yo esté aquí no quiere decir que tenga que dejarme acabar. Esto terminará algún día —y buscaba los talleres.

»Me mentalicé tanto que llegué a convencerme de que el castigo no me iba a arrugar. Parte del método era sencillo: administraba las horas que pasaban entre el desayuno, el almuerzo, la comida, el tiempo del descanso y el de trabajo. Trabajaba desde las nueve de la mañana hasta la hora de la

comida, a eso de las dos de la tarde; a las tres y media había
que ir a echar la siesta. Luego te volvían a abrir a las seis, y a
las nueve, para adentro. Un poco más tarde apagaban la luz.

»Para las demás era muy duro cuando estaban cerrados
los talleres. Yo me dedicaba entonces a hacer manicuras y
pedicuras, y con eso vivía porque como no tenía dinero, pues
yo les cobraba algo. La profesora de estética nos traía las tin-
tas. Hoy conservo la amistad con ella.

»Bueno, pues comencé a redimir tiempo de condena. Por
un mes de trabajo me computaban el doble, puesto que aquí se
considera que uno va allí a reinsertarse en la sociedad. El asunto es que cuando empecé a redimir castigo, me mandaron a
Ávila. Esto sí que fue terrible. Allí la pasé muy mal. Dentro
de lo que cabe, Yeserías era prácticamente un internado. Si lo
mira usted desde el punto que yo lo vi, para mí era un internado, en donde lo único que no podía hacer era irme a la
calle. Allí nunca me sentí maltratada por funcionarias ni por
nadie, porque yo no miraba lo que no tenía que mirar, ni hablaba de lo que no tenía que hablar.

»Poco a poco fueron entrando chicas muy jovencitas. Una
de ellas, tenía 18, estaba condenada a 31 años y a mi me daba
pena que cogiera vicios, de manera que siempre estuve al lado
de ella, al lado de ella mirando que no se fuera a pegar a la
droga, porque la hay. Allí usted la ve, la tiene siempre al frente y, nada, estuve en todas para alejarla del porro y de la jeringa. Y para que no fuera a pescar infecciones. Yo le digo hija y
ella me dice mami. La regañaba algunas veces, le decía "Man-
tente dentro del decoro de los seres humanos" y ella me hacía
caso. Allí el trato no era malo, para mí la comida estaba bien,
nos daban de todo.

»Pero bueno, cuando estaba centrada con la vida, me cor-
taron las alas al mandarme a Ávila. Es que en Yeserías tenía
un puesto de responsabilidad. Había conseguido entrar a la

cocina, que era muy difícil. Y además, en el momento del traslado me faltaban tres meses para terminar el curso de cos-
metología, un título que me hubiese servido. Nada que hacer.
A ávila.

»Realmente allí estuve poco tiempo porque logré que me
devolvieran a Madrid. En Ávila se encontraban muchas compañeras de Yeserías y eso pues te alivia un poco la rudeza,
pero Ávila es una cárcel muy dura: rejas, barrotes, y a medida que avanzas por un corredor, puerta que se abre, puerta
que se cierra, puerta que se abre, puerta que se cierra. Una
cárcel de alta seguridad como la de la película *Alcatraz*: unos
pasillos con gente superseparada por módulos, unas medias
luces... Cuando entré y vi aquellos corredores de dos pisos,
una cadena de puertas enrejadas, un comedor al que entra-
bas por lista, pensé: "Dios mío, ahora sí estoy llevada". Ini-
cialmente dije que no quería entrar y me respondieron:

»—Tienes que entrar aunque no comas.

»Es que no sentía ganas de comer... Dios mío, empecé a
llorar otra vez. Ese sí que era encierro, ese sí era castigo.

»Al cabo de dos meses le dije al abogado de oficio, un
señor muy buena persona, que tratara de devolverme a Yeserías porque se acercaba el juicio y el señor lo logró. Luego me
condenaron a la mínima pena.

»Estando allí nuevamente decidí estudiar en la universidad a distancia. Me inscribí para administración de empresas y como era bachiller, presenté exámenes y pasé. Pero en el
lugar que ocupaba no podía estudiar, eran sesenta mujeres
reunidas y pedí traslado para la cárcel de Carabanchel, donde había menos mujeres por pabellón. Mi amiga había sido
trasladada a Carabanchel: dos personas por celda. En ese momento allí estaban las mujeres de la ETA. Llegué a una sección
en la que estaban veinte etarras, diez colombianas y diez dro-
gadictas. Las etarras eran unos seres fríos, duros, déspotas a

morir. Muy aisladas. Y tenían de todo: una biblioteca para ellas, hacían serigrafía, hacían sus mismas ediciones, y a mi me colocaron en el centro de su rosca buscando romperles tantos privilegios. Algo peligroso, desde luego, pero cuando me lo pusieron como condición, dije que sí. Confío en mí, en mi manera de ser y, bueno, que vengan las etarras.

»En esa zona tenía una celda con mi amiga, y, como ya le dije, se movían en los contornos unas pocas mujeres: una trabajaba en la cocina, otra en la biblioteca, otras en la lavandería. Cuando llegué me preguntaron si quería hacerme cargo de la enfermería y respondí "Venga". Mi estómago no es de enfermera, pero, ¿es que uno en la vida puede hacer siempre lo que quiere?

»Sucede que allí se armó una huelga de hambre encabezada por las etarras y las del Grapo que duró muchos meses y yo era la única que iba con la doctora a llevarles la comida, las medicinas... Desde luego, corría el riesgo de que me tomaran como rehén, porque yo era "una común" y además, carne de cañón; yo sabía que me tenían como carne de cañón, pero nunca pensé en aquello, ni nunca me afligí.

»Mi destinación era la enfermería pero a la vez estaba para lo demás. ¿Que se iba la de la cocina? Allá iba yo. Que se iba la de la biblioteca: ¿a quién más ponían? Es que no había a quién poner. Si éramos veinte y de las veinte, diez andaban conectadas a una jeringa, quedaban las colombianas encargadas de todo. Eran las más hábiles, las de mejor voluntad, las más disciplinadas. Había mucho trabajo. De eso se trataba, pero además yo estudiaba como una loca. Estudiaba, trabajaba, estudiaba.

»Un día recibí una carta de Colombia: la corporación me quitó la vivienda. Se quedaron con ella y yo ya había pagado más de dos veces la cantidad que me dijeron que valía el día de la entrega, y claro, me derrumbé. El apartamento había sido la ilusión de toda una vida, de mi vida entera. Yo en ese momento lo había pagado por lo menos dos veces, yo no le robé nada a nadie. Pero los papeles de la corporación decían otra cosa. En Colombia lo que pesan son las cuentas del agiotista.

»¡Me quitaron mi casa!».

«En esos días conocí a una educadora. Ella pertenecía a un grupo que califica el comportamiento de las internas en compañía de un psicólogo y un criminalista, y su concepto es importante a la hora de que le concedan a uno un permiso según el tiempo que lleve preso, etcétera. Lo estudian a uno un poco. Yo le conté a esa educadora mi historia y la manera como me arrancaron mi vivienda, le mostré la carta y le dije que necesitaba trabajo para ganar algún dinero. Ella respondió que lo intentaría. Luego me contó que una juez me mandaba una tarea para que yo la hiciera en computadora, pero que no me iba a pagar. No lo acepté. ¿Solución? La educadora tenía una empresa con su marido y dijo que iba a tratar de buscarme uno allí, pero antes teníamos que hacer una serie de maromas para poder sacarme de allí algunas horas al día.

»Aquella fue severa lucha. Primero, uno tiene que haber cumplido tres cuartas partes de la condena. Me faltaban algunos meses, pero bueno, la educadora comenzó a hacer gestiones en busca de que me concedieran lo que aquí se llama "Régimen Abierto". Eso le permite a uno salir a trabajar. Dijeron que no porque yo no había salido antes con permiso de seis días, margen que conceden para saber si esa persona realmente va a regresar o no.

»Bueno, a olvidarlo. Lo que quedó atrás, quedó atrás. ¿Qué seguía? Pues montamos un video, una historia real y concreta para buscar un nuevo permiso de salida. Por otro lado, la empresa que iba a contratarme comenzó a gestionar un segundo permiso, el de trabajo. Yo tenía una residencia obligada en España.

»Luche que te luche y cuando se consiguió el de trabajo por tres meses, la directora de la cárcel no me dejó salir. Vuelta a recurrir. Vuelta al punto de partida. Si se perdió aquel permiso debía gestionar y gestioné otro, nuevamente para salir a la calle seis días. Me lo dieron. Regresé. Quería ganar dinero. Hoy pienso que me encontraba en un estado de inconsciencia en cuanto al apartamento, imaginando que tal vez podría sacárselo de las manos al agiotista. Ese apartamento había sido el esfuerzo de una vida.

»Todo aquello fue alejándome del estudio. Es que dentro de tanto lío no podía concentrarme, y pensé: "En este momento mi prioridad es realizar el último esfuerzo por salvar mi vivienda. ¿Qué voy a hacer?".

»En ese momento estaba a punto de conseguir el tercer grado como reclusa y, diablos, anunciaron el final de la cárcel de Carabanchel. Nos llevarían de regreso a Yeserías, y la educadora me decía:

»—Luisa: si te llevan a ese sitio no podré sacarte, la directora no te quiere.

»Total, tuvimos que intervenir ante la juez de vigilancia penitenciaria para que ella me diera el tercer grado, condición que me permitía salir, pero se materializó lo de Carabanchel y vuelta a Yeserías.

»—No puede ser. Cuando ya tenemos una cosa nos cae algo encima. Vamos a seguir, vamos a seguir —le decía a la educadora.

»Continuamos y al final conseguí salir a Régimen Abierto, y eso implicaba que me debían trasladar a una casita dentro de la misma cárcel. Me trasladaron.

»Una vez allí, yo salía a las ocho de la mañana y volvía a las diez de la noche. Al comienzo era muy duro ese regreso, pero al poco tiempo me metí dentro del cerebro que debía tener perfectamente mentalizado el nuevo régimen: pensé que aquella era mi casa propia. Algunas veces me imaginaba que aquel era el techo de Cali. Que ese techo no me lo habían quitado, y me decía: "Tengo que vivir en algún sitio. En algún sitio tengo que vivir. Pague renta o no la pague, tengo que dormir". Bueno, pues me mentalicé en cuanto a que tenía que salir a trabajar y a regresar como lo hacía la Cenicienta. Yo era la Cenicienta. Que venga la calabaza».

«En la empresa que me recibió todos son españoles. Al comienzo estaban un poco reacios porque pensaban: "Bueno, han sacado a una persona de la cárcel y nos la han traído aquí. Es que traérnosla aquí, y encima extranjera, y además la ponen a hacer gestiones de calle".

»Esos primeros días no sentí rechazo, que uno diga rechazo, pero los notaba desconfiados, tal vez con temor hacia mí, cosa que me parecía apenas lógico: no te conocen, no saben quién eres, no saben nada de ti. Sabían lo que les contó la educadora».

La noche siguiente fui un poco más temprano. Quería hablar con las superioras de Luisa, dos mujeres secas pero a la vez amables, y vi que me recibían con una especie de prevención. Luego supe que nunca habían afrontado una entrevista de este género.

Ella les había hablado por la mañana y fijaron la cita para una hora en la que también se hubiesen retirado los empleados. Una de ellas prendió un cigarrillo, la segunda trajo café y la conversación fue pasando de un extremo a otro sin prisa y sin que ninguna vacilara luego de cada pregunta.

—Sí —dijo la segunda—, yo al principio sentí un poco de rechazo interior frente a Luisa. Cuando llegó, lo primero que hice fue mandarla a hacer algunas gestiones de calle. Recuerdo que regresó supercansada porque no estaba acostumbrada a andar mucho, la quietud de la cárcel seguramente, y luego ese enfrentarse a una ciudad que no conocía. Y lo hizo bien. Y completo. Luego me di cuenta de quién se trataba, en poco tiempo, en cosa de un día o dos, y me encontré con un ser abierto. Yo creo que por eso se ha dado a querer. Ella es una mujer muy transparente, no tiene recovecos en el alma.

—Mi primera impresión —dijo la primera— fue la de una persona desvalida, totalmente desvalida. ¿Rechazo? No, todo lo contrario. Jamás sentí rechazo por ella, sino eso: la veía absolutamente desvalida porque se hallaba en una situación mala, asustada, muy asustada hacia todos, pero creo que a la vez la vimos con una presencia de ánimo, con una capacidad tremenda de enfrentarse a las situaciones y, por favor: con unas ganas absolutas de ayudarse y de integrarse.

La vida en Madrid parece comenzar un poco antes de la medianoche. A las diez cené con ellas y nos despedimos un poco antes de la una. Doña Luisa propuso que nos reuniéramos nuevamente en su oficina la tarde siguiente. Era necesario continuar hilvanando en forma lineal, es decir, tratando de rehacer secuencias de la historia pero en orden, a partir de los primeros recuerdos.

—Anoche quedamos en...

«—Sí —dijo ella—, en el primer día de trabajo en la empresa. Y en los primeros regresos a la cárcel, acaballada en la calabaza de Cenicienta. Claro. En ese momento yo no conocía aquel medio, no sabía hacer nada concreto. En Cali manejaba una computadora, o un ordenador como decimos aquí, pero mi trabajo fue hacer gestiones ante organismos oficiales. Afortunadamente era verano y necesitaba poca ropa. Pero es que tampoco tenía más. Al comienzo me apuntaban las cosas en un papel y luego me explicaban:

»—Te vas a ir a tal dirección, en el metro tal, destino tal, salida tal y visitas este sitio y aquél y aquél.

»Las primeras veces que entré al metro sentí pánico. Terror. "Para dónde voy?", pensé.

»Me enviaron la primera vez a tres sitios:

»—Y tú, pregunta tal cosa, tal otra.

»Hice cuanto me mandaron, regresé al trabajo y allí se quedaron un poco sorprendidos cuando vieron que había asimilado las órdenes con precisión.

»Luego me compraron un callejero, una guía de las calles de Madrid, me enseñaron cómo usarlo para que no me perdiera, y además me daban siempre una nota y luego me decían:

»—Bueno, para esta gestión tienes que ir a este sitio, te vas en este metro y cuando salgas del metro preguntas dónde está la calle tal, que está por ahí cerca.

»—Vale.

»Rápidamente me fui haciendo con el plano, con los mapas de metros, vi que todo estaba señalizado en las estaciones, en las calles, que las cosas eran muy claras en Madrid y que era cuestión de ponerle a todo un poco de lógica y de sentido común, y dije: "Pues ya está".

»Al mes podía moverme para todo lado, y la gente en la oficina pues encantada conmigo, me daban más cosas de trabajo y día por día fueron tratándome con más cariño que antes. Cada vez yo notaba que era la más apreciada, a lo mejor la protegida, ¿no?, porque tal vez me veían indefensa: "No piensa en ella nadie, no conoce a nadie, no tiene... ¡nada!".

»Desde luego empezaron a darme votos de confianza, me mandaban a cobrar talones, es decir, cheques, o me mandaban a llevarlos, a manejar papeles de responsabilidad, a ir a Hacienda, a Registros, a Seguridad Social. Me movía como una hormiguita. Nunca me he sentido mal atendida en ningún sitio».

Durante la cena, «La Jefa Uno» y «La Jefa Dos», como ella les dice a sus superioras cuando están en confianza, habían cruzado por aquel recuerdo y la primera lo redondeó así:

—Resulta muy fácil enseñarle porque tiene memoria fotográfica, ¿sabes? Ella aprende muy pronto cualquier cosa nueva, sencilla o difícil, no importa. La aprende. Es que tiene un Pentium dentro de la cabeza. ¿Sabes qué es un Pentium? Un ordenador, de manera que toma pocas notas, le gusta ir a lo práctico... Y aprende mucho mirando porque posee una retentiva más visual que auditiva. Y, desde luego, no conoce la palabra no, ni deja algo para mañana.

Durante los primeros meses la ruina de doña Luisa era total. Contaba con un albergue, vaya albergue, pero no donde comer, porque obligatoriamente tenía que medir el sueldo.

«¿Qué hice? —se pregunta, y ella misma responde—:

»Pedí que me permitieran ir al comedor de la cárcel. Entonces el pasaje en el metro era muy baratito y yo me compraba un bono para todo el mes. Había tiempo. De aquí hasta la cárcel tardaba veinte minutos y como tenía tres horas de descanso, pues me sobraban todos los minutos para hacer la siesta. En la cárcel tuve que hablar con la directora y decirle que iba a ir a comer porque ganaba poco y en un restaurante me iba a gastar una fortuna. Me dijo:

»—No hay problema. Aquí vienes, comes, y ya está.

»Como tenía buena conducta... Tuve cinco Hojas Meritorias.

»Lo cierto es que allí me trataban bien, dentro de lo que cabe, porque luego me sucedió algo muy curioso:

»Una vez se me hizo tarde por la cantidad de trabajo, y dije: "Ya no voy a ir hasta allá a comer. No alcanzo a ir y regresar". Me compré un bocadillo de jamón, me lo comí y me vine a trabajar, y cuando regresé por la noche a la cárcel me llamó la directora para decirme que me había sancionado por incumplir aquello del horario de comedor. Me pusieron en mi hoja una falta leve y eso me perjudicaba porque quedaría anotado en el juzgado. Le dije:

»—Señora directora, yo jamás pensé que esto fuera a acarrearme una sanción. Esto es la ruina para mí.

»La empresa llevó luego una certificación diciendo que la demora había sido causada por exceso de trabajo, y que tal y que tal. Sin embargo, le repetí a la directora:

»—Señora, gracias por haber querido ayudarme, pero ya no vengo más, así que a partir de mañana no estaré al mediodía. Prefiero no comer a que usted me sancione.

»Me fui para donde unas monjas a comer y a dormir.

»Aquellas monjas eran una maravilla. Una vez les conté que tenía libre el fin de semana y una de ellas me preguntó qué iba a hacer.

»—Pues nada, hermana. ¿Qué voy a hacer, si no conozco a nadie?

»—¿Quieres venirte con nosotras a Zumárraga?

»—Pero si no tengo dinero.

»—Nada. Vente, que no os pasará nada. Que te pagamos todo, vamos a llevar a quince chicas.

»—Hermana, yo iré.

»Nos hemos ido al País Vasco, a Guipúzcoa, donde hay una gran devoción por santa Lucía, la que lleva en las manos una bandeja con dos ojos. Una de las monjas me dijo en el autobús que no se explicaba por qué la imagen llevaba los ojos en la mano, si cuando martirizaron a la santa no se los habían sacado.

»Así quedó el asunto, pero luego la madre nos contó que aquella no era la época de las fiestas, pero que le tenía a la santa una devoción especial. Su padre estuvo enfermo de los ojos y más tarde recuperó la vista. Las fiestas de santa Lucía se celebran en España el 13 de diciembre, en el solsticio invernal, o sea el nacimiento de la luz. "Es que Santa Lucía es la luz", me dijo la madre y en ese momento vine a comprender por qué habían instalado dentro de los ojos de la bandeja un par de bombillas azules, muy pequeñas, que alumbraban a la hora de la misa y a la del rosario y a la madrugada, cuando ellas se levantaban a rezar los maitines.

»—Ya que estás con nosotras, te vamos a invitar más adelante a Montó de Dènia en Alicante, y después a Mondáriz, en Pontevedra, donde santa Lucía también es patrona. Allí hay un manantial con aguas medicinales, bendecidas por ella —me dijo cuando regresábamos».

«Los fines de semana tenía que dormir fuera y yo me iba a la casa de las monjas. La diferencia era que allí entraba una hora más tarde. Tenía que estar allí a las once de la noche. Una hora más, una hora menos, continuaba restringida, en el sentido de que no podía llegar a la hora que quisiera.

»Yo había conocido a aquellas monjas adentro, de manera que cuando salí, las busqué y encontré que lo que manejaban era una residencia de estudiantes de universidad. Las compañeras solo sabían que yo trabajaba, pero también les extrañaba que entre semana no iba a dormir. Les decíamos que yo cuidaba a una señora por las noches y tenía libres los sábados y los domingos.

»La empresa me ayudó muchísimo. Además del trabajo, y el sueldo, y el cariño, se empeñaron en ayudarme a conseguir mis papeles: mi legalidad, si es que aun podía ser legal. El permiso para trabajar me lo daba la juez cada tres meses. Ese fue mi comienzo en la empresa. Al principio fue media jornada, pero con ese régimen tenía que regresar antes a la cárcel y les dije que me dieran la oportunidad de trabajar todo el día. De acuerdo».

«Llegó agosto, mes sagrado para los españoles. Vacaciones. Las monjitas cerraban y yo tenía que buscarme dónde dormir. Pero entonces yo sabía de un cura que también albergaba chicas los fines de semana y, nada: me fui a pedirle que me diera albergue. Cuál fue mi sorpresa cuando me dijo que no porque yo estaba donde las monjas, qué hombre celoso. De manera que busqué a una amiga de la cárcel y ella me alojó. Pasé allí dos días y luego me fui con las monjas de paseo. Pero cuando regresamos del viaje, un domingo a las seis de la mañana, nuevamente no tenía para dónde agarrar; entonces me fui para la cárcel. Una vez adentro, me preguntaron:

»—¿Qué hace usted aquí?

»—Pues nada, que estoy cansada, vengo de un viaje largo, vengo del manantial de Pontevedra y quiero dormir.

»—Pero si entras no te vamos a dejar salir nuevamente.

»—Si yo no estoy diciendo que me dejen salir. Llevo viajando toda la noche, solo quiero dormir, descansar, lavar mi ropa que mañana entro a trabajar.

»Ellos se han quedado mirándome así, todo raro, como diciendo "Está loca".

»—¿Y por qué vienes?

»—Como no tengo a dónde ir, pues yo me quedo aquí. Éste es mi sitio, ésta es mi casa, así que entro, y ya está.

»Seguí, coloqué la ropa en la lavadora, me acosté, desperté como a la una del mediodía y encontré que me tenían comida, me levanté y comí. Cuando aparecieron las mujeres que llegaban por la noche yo ya tenía todo hecho, todo arregladito y al día siguiente, a trabajar. Bueno, ya está. Me fui contenta. Yo quiero esta empresa como si fuera mía. De verdad».

«En la residencia de las monjas estuve seis meses, pero luego ellas montaron una casa más grande para acoger a todas aquellas mujeres que, como yo, no tenían dónde vivir y, nada: me fui para allá. En aquel sitio nos atendían muy bien, nos daban desayuno, comida, cena, aunque el horario también era restringido.

»Mientras tanto, yo me mentalizaba: tengo que trabajar, necesito dinero, tengo que conseguir un sitio donde vivir y donde dormir.

»En esa situación pierdes muchas cosas. Pierdes amistades, pierdes hacer una vida normal... En el medio exterior en que me movía una parte de la vida, conocía a mucha gente que me invitaba y yo lo único que sabía decir era:

»—Es que trabajo mucho, hasta las diez, hasta las once. Mira, dejémoslo para el fin de semana.

»Todo cuanto significaba una vida normal, quedaba para el fin de semana. Además, una vez al mes tenía una semana libre. Imagínese: en ese momento la libertad para mí era un problema. Qué ironía. Pues bien: donde las monjas iba a comer al mediodía, volvía a mi trabajo y cuando terminaba, algunas veces mi jefa, otras veces las dos, me llevaban en el coche hasta la cárcel y me dejaban allí».

Contraplano de aquella escena, vivido desde el coche:

GERMÁN CASTRO CAYCEDO

—La llevábamos algunas veces, pero resultaba muy crudo verla bien durante el día y cuando llegaba la hora de entrar allí la soltábamos en la calle y ella avanzaba, ingresaba, se cerraban aquellas puertas y uno se sentía mal.

—Creo que yo lo sentía más que Luisa —dice la segunda—. Cada vez que la veía cruzar y cerrarse aquella puerta era espantoso. Una sensación horrible. Es que, además, permaneces durante el día con una persona que es absolutamente normal, integrada y sin ningún tipo de problemas, y de pronto la ves entrar allí... Algunas veces la veíamos junto a personas que no tenían nada que ver con ella, y verla desaparecer en aquel sitio era fatal.

—Cuando yo iba sola en el coche la pasaba muy mal porque, desde luego, ella nos contaba en la oficina cosas de la prisión que son tan ajenas, y tan extrañas en este mundo exterior, que terminan por espantarte. En esos momentos me parecía que ella era como un pajarillo que se va a la libertad durante ocho horas, permanece bajo un sol maravilloso y de repente surge la oscuridad completa. Su vida estaba aprisionada dentro de unos horarios tan justos, tan limitados, ¿sabes? Yo creo que ella tiene muy merecido estar donde está hoy.

«En la oficina iba aumentando el trabajo —dice Luisa—. Iba aumentando el cariño y también los problemas. Como en todo. Es que yo continuaba con mi lucha por conseguir mis papeles. Pasó el tiempo y seguí renovando los permisos cada tres meses para poder trabajar legalmente dentro de lo ilegal. Es que, como todo extranjero, necesitaba ese permiso.

Luego terminó el tiempo de Régimen Abierto en la cárcel pero me quedaban dos años más, durante los cuales tenía que presentarme mensualmente donde una educadora y llevarle los documentos que demostraban que seguía trabajando. Eso hasta que terminara un período que se llama Condicional.

Por ese lado, todo bien. Pero yo seguía luchando por mis papeles.

»Como tuve que retirarme de la empresa por todos estos líos de mi estancia en España y lo de la legalidad, mi jefa me buscó un trabajo en la firma de uno de sus clientes. Ahora recuerdo con emoción la mañana que ella me dijo:

»—Necesitamos que regreses. Yo no creo que podamos hallar a alguien que haga las gestiones de la calle como las haces tú.

»Una cosa se enderezaba y otra me angustiaba. Por esa época siempre era igual. Ahora corrían los dos años para terminar mi condena y lo que tenía al frente era otra peor: ser deportada y terminar en Cali y yo no quería volver. Allí estaba el apartamento que perdí y lo que eso significaba en mi vida. Y estaba el que me buscó la ruina, y yo sentía miedo. Bueno, miedo y rechazo. ¿Qué se puede sentir después de que te hacen pasar un calvario? Mientras tanto yo iba pensando: "¿Qué voy a hacer cuando se me acabe esa condición?". Y en la empresa preguntaba: "¿Qué vamos a hacer para regresar? Yo, de momento estoy cotizando, estoy trabajando, pero todo esto se me acabará tal día. ¿Qué vamos a hacer?". Mi jefa lo pensaba y me decía:

»—Algo haremos, hija.

»En medio de todo, me arriesgué a comenzar los trámites para gestionar la nacionalidad española. ¿Qué hice? Pedir una excepción de visado, me la denegaron y dije: "Si llevo cotizando un tiempo y tengo permiso de trabajo, para algo tiene que servirme todo eso", pero no. Argumentaban que no tenía buena conducta. En ese momento sentí que no era nadie.

La jefa prende otro cigarrillo, sigue con los ojos la espiral de humo y luego dice:

—Para mí es sorprendente la presencia de ánimo que ha tenido Luisa en todas las situaciones malas por las que ha pasado, y vaya si las ha pasado fatales. Cuando la lucha por obtener sus papeles de legalidad, que fue luego de su ingreso, creo que solamente una vez la oí decir: «Yo tiro todo y me voy a mi país porque aquí no puedo soportarlo. Ya he hecho todo lo que podía hacer y no puedo más». Comprensible cuando ya has luchado y al final parece que se te cierran las puertas porque tienes unos antecedentes. Sencillamente por eso. Hay que entenderlo porque entonces cualquier cosa te da lo mismo. Es que a esa altura ella ya había demostrado honestidad, había salido y vuelto a regresar a aquel lugar tan sombrío, se había comportado bien. ¿Y eso no contaba? Bueno, esa salida de sí misma ocurrió solo una vez, pero en seguida cambió. Había hecho una catarsis perfectamente comprensible... Pero quitando aquello, son sorprendentes su presencia de ánimo, su capacidad de adaptación, su tesón; ella se empeña en una cosa, y vamos: la consigue haciendo lo que haga falta, yendo a donde haga falta. Esta mujer tiene una terquedad positiva.

Luisa:

«Paralelo con esta historia conocí a un chico, me enamoré y viví con él durante un tiempo. Saltando en el tiempo, un día mi compañero murió en un accidente de automóviles y en ese momento volví a sentirme sola, absolutamente sola, sin trabajo porque se acabó el de la segunda empresa y pagando renta porque ya había dejado lo de las monjas. Lo primero que hice fue hablar con mi casera, llorar y decirle todas estas tragedias. Ella sabía mi historia porque se la había contado y me ayudaba en cuanto podía. Una señora maravillosa que una noche me dijo:

»—No te preocupes, ya encontraremos algo.

»Luego lo supo mi jefa y me buscó:

»—Yo voy a pagarte un seguro médico por si te pasa algo.

»Me lo pagó y me buscó un nuevo empleo con otro cliente suyo al que le monté todo un video para que me dejara trabajar sin tener papeles.

»En aquel sitio yo llevaba la facturación, atendía clientes, coordinaba algunas cosas. Es una empresa con buen movimiento, pero había allí un chico experto en programación de ordenadores y no me quería. Y yo le decía a mi jefa:

»—Como no me ayudéis os vais a quedar sin cliente y yo me voy a quedar sin trabajo porque aquel chico quiere sacarme de allí.

»Finalmente me sacó y ese cliente se fue de la empresa. Después trabajé unos cuantos meses en una inmobiliaria.

»Pero simultáneamente continuaba la lucha por conseguir mis papeles. ¿Qué debí hacer como nuevo recurso? Remontarme al juez que me había castigado para que me redimiera el último año de condena a cambio de mi conducta y del tiempo que había trabajado. En esa forma podría cancelar mis antecedentes. Hablé con él, le conté cuanto había hecho, lo que pensaba, lo que quería. Yo buscaba ganarme el último año del periodo Condicional. Era eso lo que buscaba.

»—Lo único que yo veo para que esto termine es que usted, por favor, me quite un año de castigo y solo me quedaría otro.

»Primero me dijo:

»—Tienes que ir ante la juez de vigilancia y luego recurres a mí.

»Hice todo lo que me aconsejó y al final gané, me dieron la redención y se sentó un precedente: era la primera vez que alguien lo conseguía en esas condiciones. Tanto, que salió en los diarios, en la televisión. Claro que no se publicaba mi nombre. Solamente las iniciales, como corresponde a un país civilizado. Desde luego, se armó la de Dios en todas las cárceles, quienes estaban en Régimen Abierto querían ese beneficio, cumpliendo con todo lo que yo cumplí: trabajar y cotizar y, desde luego, demostrar una conducta intachable.

»En todo ese tiempo había continuado con los trámites de mis papeles y por fin lo logré. Me los dieron. Y cuando me los dieron, el abogado que me ayudó en lo de la cárcel, que también me había ayudado en esta segunda aventura, me dijo:

»—La que los ha conseguido es tu terquedad. Si yo no he hecho nada. Tú lo has hecho todo: has ido a hablar con el juez, me has dicho lo que querías y lo has conseguido.

»Recuerdo que él me preguntaba:

»—A pesar de todo, ¿cómo haces para estar siempre alegre?

»Y yo le dije:

»—Pienso que tengo que vivir por mi propio esfuerzo. Tengo que seguir adelante y bueno, hoy salta un problema, mañana veremos cómo se resuelve, pero tampoco me voy a angustiar. A pesar de todo lo que me ha sucedido, creo que lo que me mantiene así es mi mentalidad. Y que he tenido siempre el apoyo de la empresa. Ellos conocen el libro de mi vida, ellos saben todo lo que hago. Cuando he necesitado ayuda ellos me han ayudado, pero esa ayuda me la he ganado con mi trabajo».

La última vez que vi a doña Luisa fue un domingo a las dos del mediodía. Hacía más frío que nunca y me recogió en su auto. Recorrimos unas cuantas calles y avenidas y ella conti-

arrando secuencias, que sorpresivamente nos llevaronombia:

«Dentro de todo lo que me ha sucedido he viajado a Cali cuatro veces. La primera lo hice con un permiso de la juez para salir y regresar un par de semanas más tarde. Había comprado mi billete de avión tres meses antes, me embarqué, pero qué miedo terrible me daba llegar allí porque no sabía qué podría encontrar en el aeropuerto: si la policía lo sabía, si no lo sabía...».

Contraplano desde el ángulo de la jefa, que ha encendido el quinto cigarrillo:

«La primera vez que se fue a Colombia con un permiso iba temerosa. Tenía miedo de regresar al país. Es más: sigue teniendo miedo. Claro, tiene allí familia, pero va con muchísimo miedo. Hemos visto fotos de la Luisa de antes y de la Luisa de ahora y no es la misma. Aun así, en ninguna se la ve trágica, porque realmente nunca lo ha sido. Al comienzo, aunque viniera contándote una pena, llegaba sonriente; por ejemplo en enero, muerta de frío, decía:

»—Allí el agua es helada, pero yo tengo que ducharme.

»—Venga, vamos a darte un café —le respondíamos.

»—Este máster —como le decía ella a la cárcel— me está matando.

»Y si uno que viene de su casa, donde hay calefacción, llega quejándose por el clima, ¿cómo sería ella? Algunas veces yo le decía:

»—Ay, Luisa, ¿cuándo acabará esto?

»—Bueno, ya me queda poco. Todo pasa. Esto también va a pasar... Pero tampoco es tan malo, si al fin y al cabo es un pasaje de la vida.

»Ella siempre ha sacado la parte positiva de lo peor».

Nos detuvimos cerca de la Puerta del Sol y buscamos una tasca en la Calle de la Victoria. Lugar de toreros que bostezan en otoño, zona de turistas, pero aun así, un buen sitio para apurarse dos chatos de vino y una porción de boquerones, y luego otro en la Calle San Jerónimo con una de pulpo para preparar los jugos gástricos antes de la comida —o almuerzo como decimos en Colombia—, en Casa Ciriaco, un restaurante de la Calle Mayor. En costumbres como ésta, doña Luisa ha asimilado de tal manera la cultura que hoy es un tanto española.

«Me fui para Colombia con un permiso escondido —continuó—. Un policía madrileño iba conmigo y al llegar, en la misma fila, me dijo:

»—Nada, que aquí estamos. ¿Ves cómo todo va fenomenal?

»Crucé Inmigración, no me dijeron nada, no sucedió nada y respiré nuevamente. La empresa me regaló un mes más para que me quedara allí, también me dieron un dinerito extra y me llamaban a Colombia preocupados por lo que fuera sucediendo.

»La verdad es que desde cuando llegué a Cali pensaba en el regreso. En el fondo, cada viaje resulta fatal en el sentido de que te despides en Madrid o en Cali, es igual, y sientes que tu alma se queda partida allá y aquí. Cuando me fui llevaba mucha nostalgia y cuando llegué allí, pues alegría por volver a ver a lo que quedaba de la familia y saber de mi exmarido. Tenía que hablar con él. Esa vez lo enfrenté y sin contestarme el saludo, delante de mí les comentó a unas personas que yo estaba en la cárcel, que yo era una prostituta. Cuando nos quedamos solos, me agarró por el cabello para azotarme y yo le dije:

»—¿Y aun así quieres que vuelva? Ni muerta.

»Y me amenazó. Me amenazó con denunciarme a la Interpol, pero antes de que terminara le salí al paso:

»—Denúnciame. Denúnciame a ver quién pierde. Yo ya pagué lo mío. Tú eres el culpable de toda esta tragedia que estoy viviendo. Del calvario que llevo encima, la culpa es tuya. Denúnciame.

»Se calló. Luego desapareció.

»Esa vez, y las demás, porque siempre es igual, me impresionó ver a Colombia tan atrasada en cuanto a la gente. Me impresionó la envidia de la gente. Allá hay mucha envidia hasta en la misma familia y eso es parte del atraso.

»En ese primer regreso se me rompió el corazón porque allí me sentía extraña, se me olvidó contar nuestra moneda, como que la cabeza me dio un chip y se me olvidaban cosas. Estaba desubicada, sentía miedo de todo, y caray, llega un momento en que ni eres de allí ni eres de aquí, pero dije: "La vida tiene que seguir". Ahora mismo tengo la nacionalidad, pero soy incapaz de decir que soy española porque no lo siento. Yo soy colombiana, realmente he tenido que hacerme española por los papeles y porque, bueno: por un cariño inmenso. Este país me ha ayudado, finalmente me ha dado tranquilidad, aquí he construido mi nueva vida, he hecho mi mundo y la gente ha sido bella, muy bella conmigo».

La jefa:

«Luisa es una persona muy tenaz. Por ejemplo, se empeñó en que tenía que conseguir la nacionalidad española y bueno: la ha conseguido porque es muy terca, muy insistente. Lo que comienza lo termina, y lo termina bien. Muchas veces hemos discutido por algo:

»—Luisa: es que así eso no se puede hacer.

»—Os digo que sí. Yo lo voy a conseguir, lo voy a conseguir, lo voy a conseguir.

»Y lo consigue.

«Igual que cuando salió a la calle a trabajar estando en la cárcel. Es que, además de tenaz, se ha hecho querer. En aquel momento en España no estaban dando autorizaciones para que los presos trabajaran y a ella fue a la primera persona que se la dieron. La verdad es que la gente del ministerio, porque allá hay personas que también le echaron una mano en aquello, la ayudaron porque la querían».

Luisa:
«Aquello fue casi un acontecimiento dentro del ámbito judicial de este país. Tanto que salió en los diarios, en las revistas, me llevaron a la televisión. Allí un periodista me dijo:
»—Es que, claro, tú eres mala.
»—No. Jamás he sido mala. Nunca me he considerado una delincuente porque nunca lo he sido, ni lo seré. Si estuve en un sitio como si fuese un internado, ha sido un paso en mi vida, pero gracias a Dios no he perjudicado a nadie. A mí me alegra saber que gracias a la incautación del aeropuerto de Barajas no se causó daño a nadie. Eso no lo he hecho yo, fui engañada. Y no me diga usted que soy mala porque no lo soy. Soy buena y sigo siendo buena y sigo siendo la misma, aunque quieran castigarme más de lo que ya he sufrido.
»¿Sabe una cosa? Parece que he nacido para sufrir. He sufrido desde niña. Pero en el fondo, eso trae una ventaja: soy cada vez más fuerte frente a la desgracia. Creo que sufrir me ha fortalecido. Y ese haber sufrido y haberme costado tanto todo, me ha dejado algo que es una maravilla: una capacidad de saborear cualquier cosa que consiga, por pequeña que sea, porque sé muy bien lo que cuesta.

Índice